小論文これだけ！

法 深掘り編

樋口裕一
大原理志／山口雅敏

東洋経済新報社

はじめに――法系の専門知識をもっと広く深く身につける

世の中では、日々、さまざまなことが起こっている。

新聞を読み、テレビのニュースを見ると、日本の内外で戦争の危機が迫り、国家体制が揺れ動き、テロや犯罪や事故が起こっていることが確かめられる。そして、世界中でそのような出来事の原因はどこにあるのか、どのように社会を改めるべきなのか、これからの社会はどうあるべきなのかが議論されている。

法学部を志望する人は、そのような出来事に関心をもち、自分なりに考えをもっている必要がある。大学側は、そのような関心をもっている人を入学させたいと考えて、小論文試験を課しているからだ。

そうしたことに無関心なまま小論文試験を受けても、おそらく合格は難しいだろう。試験会場で小論文試験が始まってから、課題文を読んで問題点を知るようでは遅い。そうしたことについて前もって知り、自分なりに考えをまとめておく必要がある。

とはいえ、いくつもの試験科目の勉強で忙しい受験生が、毎日しっかりと新聞を読むのは難しい。そこで、法学部の小論文試験に必要な知識を広く深く身につけるために編んだのが本書だ。

これまで『小論文これだけ!』シリーズでは、『小論文これだけ! 超基礎編』『小論文これだけ! 法・政治・経済編』で法系のテーマについて取り上げてきた。今回は、小論文指導ゼミナール「白藍塾」の講師である大原理志と山口雅敏両氏にも参加してもらい、法学部で出題されるテーマについて、さらに広範囲に取り上げながら、より詳しく解説した。

法系で出題されるテーマのほとんどは、この1冊で網羅されているだろう。直接的に本書で取り上げたテーマが扱われていない場合でも、本書で書かれている内容を利用すれば、ほとんどの小論文問題に対応できるはずだ。

ただし、小論文の基本的な書き方や、本書では扱わなかったような法系の基礎的な内容については、『小論文これだけ! 超基礎編』『小論文これだけ! 法・政治・経済編』の2冊で詳しく説明している。ぜひそちらもあわせてお読みいただきたい。

3冊を繰り返し読むことで、多くの人が法学部の合格を勝ち取ることを願っている。

樋口裕一

もくじ

特別付録

DTP　アイランドコレクション
装丁　テンフォーティ／豊島昭市

第1部

「書き方」編

法系の小論文
ならではのポイント

1 法学部の小論文試験に最も大切なもの

法学部の小論文試験は、最も小論文らしい小論文問題が出題される。まず出題がほとんどの場合、社会問題だ。社会のあり方、国家のあり方、政治のあり方について語った課題文が出され、それについて論じることが求められる。そして、それに対してしっかりした知識をもって的確に論じた小論文が合格と見なされる。

法学部が小論文試験で求めている最大の点、それは、受験生の社会的な関心だ。言い換えれば、受験生が、自分の内部に閉じこもるのではなく、視野を広くもって社会に目を向け、その動きについて知識をもっているかどうかを見ようとしている。

たとえば、「嫌煙」についての問題が出たとする。

視野の狭い人間は、自分がタバコを不愉快に思っていることや、タバコが人間の健康に害を及ぼすことについて書くだろう。

しかし、それでは法学部では高得点は望めない。もっと社会全体の問題として捉える必要がある。

考えるべきなのは、社会全体で、喫煙と嫌煙をどう捉えるべきかということだ。たとえば、誰かがタバコを吸おうとしたとき、近くにいる人が「やめてください」と頼んだところ、相手がそれに応じなかったとする。どちらの言い分を重視するべきか、「タバコを吸う権利」と「タバコを嫌う権利」のどちらを優先するべきなのか、ある場所で喫煙の禁止を喫煙者に強いることができるのか、といったことを考える必要がある。

それだけではない。そのような権利を認めたとすると、ほかの権利との関係はどうなるか、公共の場で大きな音を立てるのはどうか、周囲の景観を乱すような建物を建てるのはどうか。これらの権利は社会にどのような影響を及ぼすか、そういったことを考えるのが法学部なのだ。

よって、法学部の小論文入試は、そのようなことを考える力があるか、そのような関心をもっているかどうかを見ようとしている。

2 法学部では「おもしろい意見」より「妥当な意見」が好まれる

もうひとつ、法学部の小論文入試の役割がある。

それは、受験生が現在の日本社会を発展させるだけの的確な判断力をもっているかを見るということだ。

法学部の場合、文学部などと違って、妥当な意見が求められる。

文学部は、実際に社会に適用することよりも、人間の頭の中で考えたことを重視する。だから、少々過激な意見でも、優れた考えと見なされる傾向がある。作家や詩人、哲学者、芸術家などは多かれ少なかれ、かなり過激な人物だということもできるだろう。

しかし、法学部はそうはいかない。実際に社会に出て、公的な組織や私的な企業を動かしていく人材を育てる必要がある。

そのためには、人間や社会に対して個性的で独自の意見をもった人よりも、しっかりと現実の社会を見て、それをよい方向に向ける力をもつ人のほうがふさわしい。

したがって、法学部の小論文試験は、独創的で個性的な意見よりも、的確で説得力のある意見が求められる。「おもしろい意見」よりも「正しい意見」「妥当な意見」が好まれるということだ。

間違っても、奇をてらって、過激なおもしろい意見を書いたりするべきではない。

3 法学部の小論文問題を考えるコツ

このように社会的関心をもち、的確な判断力をもつために、受験生は普段から、社会問題について自分なりの意見をもつ必要がある。

自分の意見をもっていないと、社会についての関心も広まらない。

意見があってこそ、新聞を読んでも、テレビニュースを見ても、知識が深まり、知識と知識がつながる。意見をもっていないと、たんにそれらの知識を暗記するだけで終わってしまい、それらが生きた知識にならない。

「これからは、日本式慣行をやめて、もっとグローバル化するべきだ。そのためには、もっと海外進出を行うべきだ」という意見をもっていれば、それに付随して、さまざまな知識が自分のものになるだろう。

もし、まだ自分なりの意見をもっていなければ、ぜひ本書を活用してほしい。本書を繰り返し読めば、ここに記されている意見に賛成したり、反対したりといった自分の意見をもつことができるだろう。それを大切にしてほしい。

もちろん、読み進めるうちに、反対側の意見に傾くこともあるだろう。個々の意見同士のあいだに矛盾を感じることもあるだろう。さまざまな疑問が生じることもあるだろう。それを自分なりに考えていくうちに、社会的な関心が広まり、知識が増えていく。

法学部の小論文試験が求めているのは、まさしくそのような関心や知識をもつことにほかならない。

4 法学部を目指すなら、日頃から新聞を読み、ニュースを見る

法学部試験の場合、時事的な問題が出題されやすい。それゆえ、新聞やテレビニュースにもたえず触れておくことが望ましい。

「勉強している」という意識でそれらに触れる必要はない。メモをとらなくてもいいし、暗記しようと努力する必要もない。

それよりも、新聞やテレビニュースに触れながら、それについての自分の意見をもち、それぞれについて賛成か反対かを考えてみてほしい。

「賛成でも反対でもない」「よくわからない」という場合も多いだろうが、もちろんそれでかまわない。たくさんのニュースに触れ、自分なりに考えてみるだけでいい。

それを繰り返すうちに、いま世の中で何が問題になっているのか、どのような課題がいまの日本にあるのかがわかってくる。

同時に、どのような意見が妥当かもわかってくる。逆にいえば、どのような意見が右翼

的な意見で、どのような意見が左翼的な意見かもわかってくる。そして、自分の意見もだんだんと練れて、説得力のあるものになっていく。

それを続けていれば、時事問題が小論文に出題されても、あわてなくてもすむだろう。

5 法系小論文の書き方

小論文の具体的な書き方については、本書の姉妹編である『小論文これだけ！』『小論文これだけ！ 超基礎編』『小論文これだけ！ 法・政治・経済編』に詳しく書いてあるので、ぜひそちらを見てほしい。

ひとつだけ改めて確認しておくと、常にレベルの高い小論文を書くためには、「型」を守ることが重要になる。

小論文とは論理的に書くものだ。すなわち、「論理の手順」に従って書くものである。

そのためには「型」を守ることが重要で、次のような「型」を守って書けば、自動的に論理的な文章になる。

課題によっては、「型」どおりに書きにくいこともあるが、「型」を守ることが論理的に書くことの基礎になるので、まずはこれを書けるようにしっかりとマスターしてほしい。

第一部　問題提起

設問の問題点を整理して、これから述べる内容に主題を導いていく部分。全体の10パーセント前後が目安だ。

「○○について」というような課題の場合、ここで「○○をもっと進めるべきか」などのイエス・ノーを尋ねる問題に転換する。

課題文がついている場合には、ここで課題文の主張を説明して、「課題文には……と主張されているが、それは正しいか」という形にすればいい。

第二部　意見提示

ここで、イエス・ノーのどちらの立場をとるかをはっきりさせ、事柄の状況を正しく把握する。全体の30～40パーセント前後が普通だ。

ここは、「確かに、……。しかし、……」という書き出しで始めると書きやすい。たとえば、課題文にノーで答える場合、「確かに、課題文の言い分もわかる。たとえば、こんなことがある。しかし、私は、それには反対だ」というパターンにする。そうすることで、視野の広さをアピールすると同時に、字数稼ぎができる。

第三部　展開

ここが小論文の最も大事な部分だ。

第二部（意見提示）で書いた自分の意見の根拠を主として示すところで、なぜそのような判断をするのかを書く。全体の40～50パーセントほどを占める。

本書の第2部「書くネタ」編をよく読めば、ここに書く内容が見つかるはずだ。

第四部　結論

もう一度全体を整理し、イエスかノーかをはっきり述べる部分。

努力目標や、余韻をもたせるような締めの文などは不要で、イエスかノーか、もう一度的確にまとめるだけでいい。全体の10パーセント以下にする。

これが樋口式・四部構成

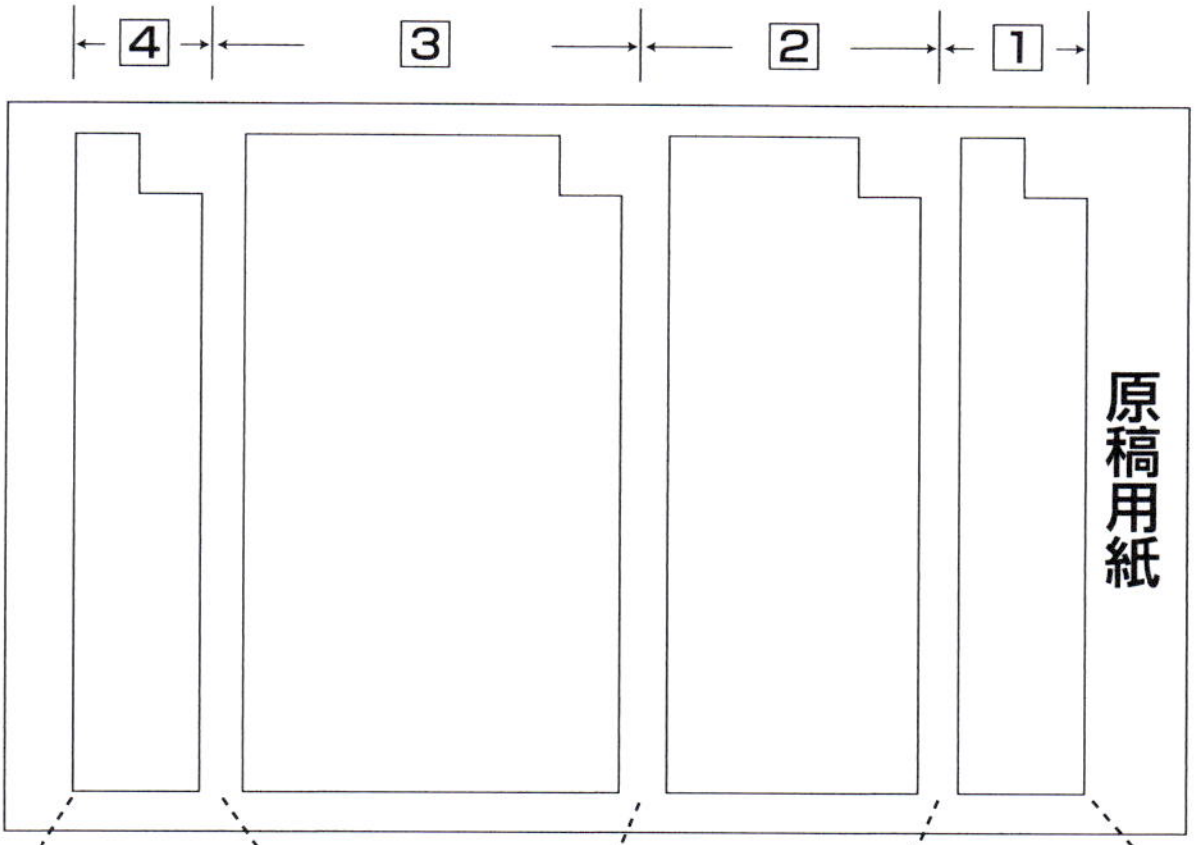

基本形・書き出し例

問題提起 10%前後	意見提示 30〜40%	展開 40〜50%	結論 10%以下
「……だろうか。」	「確かに、……。しかし、……。」	「なぜなら、……。」「その背景には……。」「そもそも○○とは、……。」	「以上より、……。」「したがって、……。」

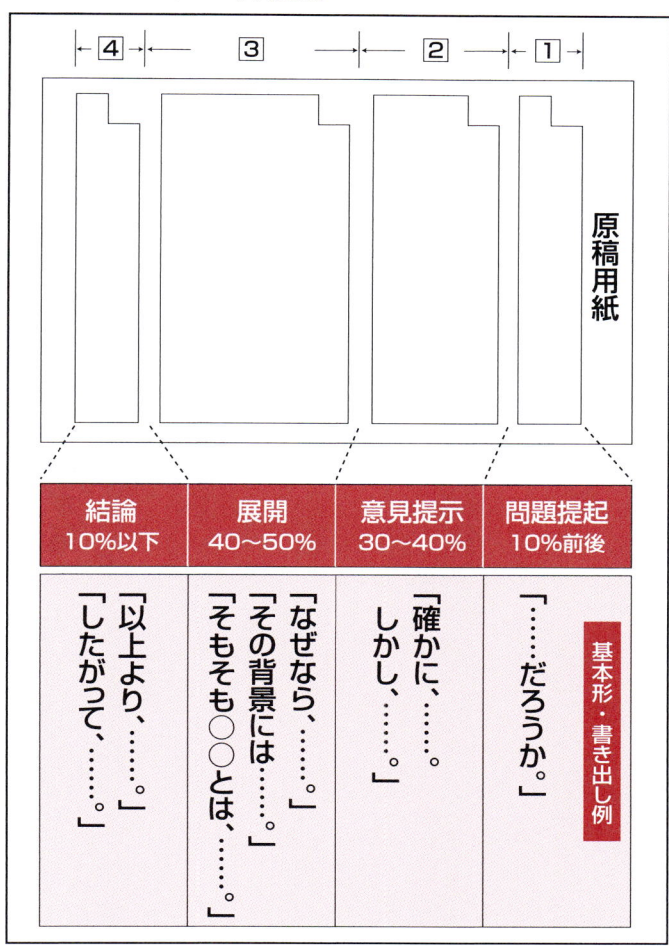

6 法系小論文、5つの「べからず集」

✖べからず集①——過激なことを書いてはならない

先ほども述べたが、大事なことなので、もう一度、繰り返しておきたい。

法学部の小論文試験では「妥当な意見」が求められ、「過激な意見」が求められるわけではない。

「外国人を追い出すべきだ」「大東亜戦争は正しかった」などという過激な右翼的意見は、最も合格から遠いところにある。「人民革命を起こすべきだ」「資本家から財産を没収すべきだ」というような過激な左翼的意見も、同じように危険視される。

もちろん、それらの思想にもそれなりに正しい面はあるかもしれないが、現代社会では「妥当な意見」とは見なされていない。あえてそのようなことを書いて、「過激な意見」の持ち主であることをアピールする必要はない。

ほとんどの大学の小論文試験では、あまり生々しい政治的な意見は問われない。だから、普通に考えていれば、このような「過激な意見」を書く機会はないはずだ。

しかし、人によっては、問われてもいないのに自分から過激なことを書き出す人がいる。

そんな人は、自分が法学部に向いていない人間であることをわざわざアピールし、不合格になるのを求めているに等しい。

✖べからず集②——差別肯定や人権侵害を書いてはならない

法学部では、何よりも人権を重視する。それゆえ、国民の人権を制限したり、差別を助長したりするような意見を書くべきではない。

もし何らかの事情で、ある程度の人権の制限が必要なときには、できるだけ慎重に考える必要がある。

言うまでもないが、女性や外国人、高齢者を劣った存在と見なしてはならない。

「女性は男性のアシスタントであるべきだ」「日本人は外国人より優れている」「高齢化して社会は困っているのだから、高齢者が長生きしないほうがいい」などと書くべきではない。これらはすべて人権否定であり、差別にほかならない。

もちろん、「人権派」と呼ばれる一部の人のように、あまりに声高に人権を叫び、公共の福祉を否定するのは好ましくない場合もあるだろう。

しかし、よほどの事情がない限り、個人の権利を守り、社会から差別をなくすというのが法学部の立場だということは、きちんと理解しておくべきだ。

✖べからず集③――民主主義そのものを否定するべきではない

現在の民主主義の制度に限界があること、もっと別の形の民主主義があることについて書くことはかまわないが、民主主義そのものを否定するようなことを書くのは危険だ。

さまざまな欠陥があるにせよ、民主主義の考え方そのものは決して間違いではないというのが、現在の学者たちの一致した意見だ。

少なくとも、大学教授のほとんどがそのように考えているし、法学部はそのような考え方を受け入れたうえで、現代社会を改善していこうとする若者を求めている。

決して、民主主義そのものを否定するような人間を求めているわけではない。

そうしたことを書くと、過激と見なされてしまう恐れが強いので注意することだ。

✖べからず集④――多くの場合、「禁止するべきだ」という方向で書くべきではない

本人は過激な意見や思想だと意識しなくても、つい過激なことを書いてしまうことがある。しかし、それも絶対に避けなければならない。

たとえば、「人権を否定するようなことを書くだけでなく、それを考えることも許すべきではない」と書く人がいるが、じつはこれは極めて「過激な意見」だ。この人は思想の自由を否定しているのだから。

また、「タレントが政治家になるために、政治が揺らいでいる。そのような行為を禁止するべきだ」と書く人がいるが、これも「過激な意見」だ。この人は選挙の自由を否定しているからだ。

もちろん一概には言えないが、「許すべきではない」「禁止するべきだ」という方向で書くときには注意を要する。

「過激な意見」になっていないかどうか、いま一度、考えてみたほうがいい。

✖べからず集⑤――おじさんたちの居酒屋談義を書いてはならない

おじさんたちは、居酒屋であれこれと政治の話をする。

「政治家は自分の金儲けのことばかり考えて国民のことを考えていない」「自民党も民主党もちっとも変わらない」「役人は保身ばかり考えて、国民のために何かをする気がない」などと嘆くのが、居酒屋談義の決まり文句だ。

あるいは、「東京人は……で、関西人は……だ」「東大出身者はどいつもこいつも……」「アメリカ人ってのは……」「フランス人は……」というような話もよく話題にのぼる。

居酒屋談義の中にも、もちろん的確な意見もたくさんあるが、そのようなことを小論文に書いても高得点は望めない。これらは酔っ払ったうえでの雑談でしかなく、学問にはほど遠いからだ。

法学部の小論文で求められているのは、もっと根拠のしっかりとした論だ。「自民党も民主党もちっとも変わらない」というのであれば、マニフェストや政治手法の類似性をしっかりと整理して説明する必要がある。それをせずに決めつけてはいけない。

根拠のない決めつけの文章にならないよう、書き出す前に注意するべきだ。

第2部

「書くネタ」編

法系に出るネタを
もっと身につける

1 公共の福祉

「公共の福祉」は、人権の問題を考えるうえで、しばしば重要なキーワードになる。しかし、この言葉が意味する事柄は、意外に理解されていないようだ。「公共の福祉」についてよく理解することで、人権の問題についても深く考えられるようになる。きちんとした知識が必要なテーマだ。

課題

近年、世界中で公共の場所での禁煙化が進められています。日本でも、公共の福祉を理由に、路上や駅構内での禁煙が条例によって制度化されるようになってきました。

それに対して、国や自治体が喫煙を禁止して、喫煙者から喫煙の自由を一方的に奪うのは人権の侵害に当たる、という声も上がっています。

あなたはどう考えますか。600字以内で論じなさい。

課題の解説

問題提起はやさしい。最近の禁煙化の動きが行き過ぎかどうかを問題提起すればいい。タバコが健康によくないことは早くから認められていたが、それがタバコを吸わない人にも害を及ぼすことが明らかになって、禁煙化の動きが世界的に加速した。

たとえば、電車の中で誰かがタバコを吸えば、同じ車内にいる人はみんな煙を吸わされることになる。これは公共の福祉に反するので禁止すべきだ、というわけだ。

しかし、禁煙が行き過ぎて、公共の場所ではどこでもタバコが吸えないとなると、それはタバコを吸う権利を侵害することにならないか、という意見もある。

その意味では、これは、「公共の福祉」と「個人の権利」のバランスをどう考えるかという問題でもあるわけだ。

「行き過ぎだ」という立場からは、「タバコの煙を吸わない権利（嫌煙権）が保障されるのであれば、タバコを吸う権利も同じように尊重されるべきだ」「公共の場でタバコを吸うかどうかは個人のマナーの問題。国や自治体などの公権力が介入するべきではない」「公共の福祉は本来、衝突し合う権利を調整するためのもので、嫌煙権だけを認めて喫煙権を否定するのは、公共の福祉の観点から見てもおかしい」などの考え方が可能だ。

「行き過ぎではない」という立場からは、「健康を守る権利は、人間の生命に関わるものなので、最大限に保障されるべきだ。喫煙が他人の健康を害する恐れがある以上、喫煙権が制限されるのもやむを得ない」「国や自治体は、国民が健康に生活できるようにできるだけ環境を整備する義務がある。その意味で、喫煙を制限するのは国の義務である」などが考えられるだろう。

いずれにせよ、「禁煙を進めるのは当然」などのように一方的な論じ方にならないように、人権の観点からできるだけ論理的に考えるようにしてほしい。

解答例 1

【賛成】もっとお互いの人権を尊重したやり方を

近年、公共の福祉を理由に、公共の場所での禁煙化が進められているが、それを行き過ぎと批判する声もある。はたして、最近の禁煙化の動きは行き過ぎと言えるのだろうか。

確かに、喫煙の権利と嫌煙権とは、対等な権利とは言えない面がある。タバコの煙が他人の健康を害する恐れがある以上、喫煙権が一定の制限を受けるのもやむを得ないかもしれない。しかし、だからといって、喫煙者の権利を一方的に奪うような禁煙化のやり方は、好ましいとは言えない。

公共の福祉とは、本来、衝突し合う権利を調整するためのものだ。タバコを吸う権利も、タバコの煙を吸わない権利と同じように、人権として尊重される必要がある。対立する権利のどちらか一方だけを無条件に否定するようなやり方は、危険が大きい。それを認めてしまうと、その時々の社会の価値観や権力者の気まぐれによって、特定の人権や自由が抑圧されるのを正当化してしまうことにもなりかねない。公共の場所での全面禁煙化といった極端な方法によらなくても、分煙を徹底するなど、もっとお互いの人権を尊重した妥当なやり方があるはずだ。それを模索するのが、民主主義の本来の行き方ではないだろうか。

このように、私は、最近の禁煙化の動きは行き過ぎていると考える。

解答例 2

【反対】健康被害を見逃すべきではない

近年、公共の福祉を理由に、公共の場所が次々と禁煙化されていっている。それに対して、行き過ぎではないかと批判する声もあるが、はたしてそう言えるだろうか。

確かに、本来、人権に優劣はないはずだ。嫌煙権というものがあるように、喫煙者にはタバコを自由に吸う権利がある。それが理由もなく奪われているとすれば、民主主義の理念に反していることは言うまでもない。しかし、健康被害の問題を考えれば、公共の場の全面禁煙化という判断も、やむを得ないと私は思う。

近年、喫煙者に批判的な風潮が強まっているのは、たんにタバコが健康によくないからではない。タバコの煙が、それを吸う本人だけでなく、周囲にいる者にまで健康被害をもたらすからだ。喫煙をしない人にとって、タバコの煙を吸わない権利は、自分の健康を守る権利と同じだ。公共の福祉の観点からいっても、タバコを吸うことが明らかに他人に迷惑をかける行為である以上、喫煙の権利は一定の制限を受けて当然だろう。とくに公共の場所では、分煙を徹底するといっても限界がある。タバコによる健康被害を完全に防ぐためには、全面禁煙化しか方法がなく、それは決して人権の侵害には当たらないはずだ。

このように、私は、最近の禁煙化の動きは決して行き過ぎではないと考える。

公共の福祉

理解のポイント

「嫌煙権運動」から禁煙化の流れが進んだ

最近でこそ、公共の場所では禁煙・分煙が当たり前になっているが、かつては喫煙者の割合が圧倒的に高く、電車やバスの中でもタバコを吸うのは普通に認められていた。それが変わったのは、1970年代末に「嫌煙権運動」が始まってからだ。

ここが使える

「嫌煙権運動」は、他人の喫煙によって健康被害を受けることを「幸福追求権の侵害」と捉え、タバコの煙を吸いたくない人の権利も認めてほしいと訴えた。つまり、タバコを嫌う人がはじめて公に自分の権利を主張したわけだ。

こうした動きが、その後、公共の場での禁煙化の動きを促進し、現在のように、むしろ禁煙のほうが当たり前という社会になっていった。

一方、そうした急激な禁煙化の動きに違和感をおぼえる人も少なくない。

ここが使える

タバコの煙を吸わない権利があるように、タバコを吸うのもその人の権利であって、そ

れが一方的に奪われるのは人権侵害に当たるのではないか、というわけだ。

よく、「公共の福祉の観点から、公共の場では完全禁煙にすべき」と主張する人がいるが、それは少し違っている。後述するように、この場合、「タバコを吸う権利」(喫煙権)と「タバコの煙を吸わない権利」(嫌煙権)という2つの人権がぶつかり合わないように、できるだけ公平に調整しようというのが、「公共の福祉」の考え方だ。

ここが使える

したがって、本来は分煙を徹底するのが理想的な解決法なのだが、それをせずに、**とくに国や自治体などの公権力が法律や条例によって一方的に禁煙化を進めることを、「禁煙ファシズム」という強い言葉を使って批判する人もいる**。

しかし、WHO(世界保健機関)は、「健康を守るという観点から、喫煙権よりも嫌煙権のほうが優先されるべき」という見解を打ち出している。このように、2つの人権がぶつかったとき、それを公平に調整するのは実際にはなかなか難しい場合が少なくない。

時代によって変わっていく「公共の福祉」の考え方とは?

「公共の福祉を優先する」というと、「公益のためには少数派は我慢すべきだ」というイメージがあるかもしれないが、そういうことではない。

ここが使える

かつては、「公共の利益のために、個人の人権は制限されるべきだ」という考え方があり、それが「公共の福祉」の意味だと考えられていた。そのため、たとえばダムや道路などをつくるために住んでいた土地から立ち退きを命じられるような場合、「それは公共の福祉のためには仕方がない」と考えられることも多かった。

しかし、いまでは、そうした考え方は否定されている。それは、個人より社会を重視するという考えにつながり、「個人の尊重」という民主主義の基本原理に反するからだ。

ここが使える

現在では、個人の人権がぶつかり合ったときに、できるだけ公平に、法律などでうまく調整することが「公共の福祉」の考え方とされている。

このことは、次のような例を考えるとわかりやすい。

同じ部屋にAとBという2人の人物がいる。Aはタバコを吸いたいが、Bはタバコが嫌いなので、Aに吸ってもらいたくない。つまり、Aの「タバコを吸う権利」とBの「タバコの煙を吸わない権利」がぶつかり合っているわけだ。

この場合、たとえばAがあくまで「タバコを吸う権利」を主張して無理やりタバコを吸えば、Bの「タバコの煙を吸わない権利」が侵害されてしまう。そうならないように、たとえばAがベランダや庭でタバコを吸うなど、お互いの人権侵害が最小限になるように歩み寄って、妥協をはかる必要がある。

ここが使える

このように、**すべての人の権利がバランスよく守られるようにするには、人権が制限される場合もあることを受け入れなければならない。それが「公共の福祉」の考え方**なのだ。

「公共の福祉」には2種類ある――「自由国家的公共の福祉」「社会国家的公共の福祉」

公共の福祉は、人権相互の調整の仕方によって、2種類に分けられる。

ここが使える

ひとつは、**「自由国家的公共の福祉」**というもの。これは、**「他人に迷惑をかけない限り自由」**という考え方にもとづいている。

本来、タバコが好きな人は、好きなときに好きな場所でタバコを吸う自由があるはずだ。しかし、それがタバコの嫌いな人を傷つけたり、周囲の人々の健康を害する恐れがある場合、その自由を無制限に認めるわけにはいかない。そのために、「喫煙の自由」は一定の制約を受けることになる。このように、

ここが使える

すべての人の人権を平等に尊重するためには、他人に迷惑をかける可能性のある自由が、最小限の制約を受けざるを得ないわけだ。

ここが使える

もうひとつは、**「社会国家的公共の福祉」**というもの。これは、**「弱い者を傷つけない限り自由」**という考え方が基盤にある。

たとえば、資本力のある大規模チェーン店が、小さな商店街に進出しようとしている。するど、昔ながらの個人経営の小売店は客をとられて、つぶれてしまうかもしれない。そうならないように、チェーン店の進出に一定の規制がかけられる場合がある。

この場合は、小売店などの経済的弱者の権利を守るために、チェーン店の権利が一定の制約を受けるわけだ。

もちろん、すべての人権が「公共の福祉」によって制約されるわけではない。

「自由国家的公共の福祉」の場合は、ほとんどの人権が制約を受けるが、良心・思想の自由などの内面の自由は制約を受けない。**内面の自由は、個人が人格や主体性を形成するベースとなるものなので、民主国家では決して侵してはならない**とされる。

「社会国家的公共の福祉」の場合は、制約を受けるのは経済的自由権と社会権に限られる（先にあげた例だと、制約されるのはチェーン店側の経済的自由権となる）。それ以外の人権も制約を受けるとなると、そもそも個人の自由を尊重する民主主義の原理に反する恐れがあるからだ。

このように、**「公共の福祉」による人権の制約には慎重な対応が必要とされる。**

2

知る権利・情報公開

「知る権利」は民主主義の根幹に関わる問題だが、重要なわりに十分理解されているとは言えない。また、3・11をきっかけに、情報公開の重要性も改めて浮き彫りになった。このテーマはこれからますますクローズアップされると思われるので、しっかりと理解しておこう。

課題

福島第一原発事故で、国から正確な情報が十分に公開されず、国民に大きな不安を与えたことが問題になりました。そのため、政府にもっと積極的な情報公開を求める声が高まっています。その一方で、政府が何でも情報を公開するのは問題も多いので、慎重に考えるべきだという意見もあります。あなたはどう考えますか。600字以内で論じなさい。

課題の解説

「政府はもっと積極的に情報公開すべきかどうか」が問題になっている。

「情報公開」というのは、政府や地方自治体などの行政機関が、もっている情報を公開し、一般の人でも必要に応じて知ることができるようにすることだ。

「情報公開」の問題は、「知る権利」の問題とセットになっている。

国民には、政府がもっている情報を自分たちに知らせるように請求する権利がある。正しい情報がないと、政府のやっていることが正しいのかどうか、国をどう動かすべきかが、国民には的確に判断できないからだ。

福島第一原発事故でも、事故の状況や放射性物質の拡散などについて、政府や東京電力は正確な情報を伝えなかったり、あるいは公開を遅らせたりした。少なくとも、国民の多くはそう考えている。そこで、改めて情報公開と「知る権利」の問題が、注目を浴びるようになったわけだ。

とはいえ、原発事故のケースに限って考えるべきではない。民主社会における「情報公開」と「知る権利」の意義をよく考え、それを踏まえて考えることが大切だ。

イエスの立場で書くなら、やはり、積極的な情報公開こそが国民の「知る権利」を保障し、国民の正しい判断を可能にすること、それがなくては民主主義が成り立たないことを論じるといいだろう。

ノーで書くなら、何でも情報を公開することにどのような問題点があるのかを、具体的に示すといい。

たとえば、情報の内容や公開するタイミングによっては、国民のあいだに無用の誤解を招いたり、パニックを引き起こす恐れもある。情報を公開することが、かえって国民から的確な判断力を奪う可能性もあるわけだ。

あるいは、外交機密などの国家の安全保障に関わる情報や、プライバシーの侵害につながる恐れのある情報の公開は制限すべき、という論じ方もできるだろう。

解答例 1

【賛成】知る権利を保障すべき

福島第一原発事故の直後、政府が正確な情報を公開しなかったことが問題になった。そのため、政府はもっと積極的に情報公開をするべきだという声が高まっている。はたして、政府はもっと情報公開を進めるべきだろうか。

確かに、情報公開に慎重になるほうがいい場合もあるかもしれない。たとえば、情報の内容や公開するタイミングによっては、国民に不安を与えたり、パニックをもたらす恐れのあることも事実だろう。しかし、原則としては、政府はもっと情報公開を進めることが望ましい。

民主主義社会においては、本来、政治を動かすのは一部の政治家ではなくて国民であり、国のあり方を決める最終的な責任も国民に委ねられている。国民が政治や国のあり方について的確な判断を下すには、正確な情報が与えられていなければならない。つまり、国のもっている情報が常に、一般の人でも知ることができるようになっている必要があるわけだ。そのためには、国や自治体は、国民を信頼して、できるだけすみやかに情報公開をすることが望ましい。情報公開に消極的な姿勢を見せることは、国民に不信感を与えることにしかならないだろう。

以上のように、私は、政府はもっと積極的に情報公開をすべきだと考える。

解答例 2

【反対】情報の種類によっては慎重に

福島原発事故後の政府の対応をきっかけに、改めて情報公開の必要性についての議論が引き起こされた。はたして、政府は情報公開をもっと積極的に進めるべきなのだろうか。

確かに、政府が情報公開に積極的な姿勢を見せることは大切なことだ。情報公開に消極的な態度のままだと、国民は、政府が自分たちに都合の悪い情報を隠しているという疑いを拭い切れない。それでは、政府への不信が募るばかりだ。しかし、だからといって、何でも情報を公開するのは好ましいとは言えない。

情報は、必ずしも正確に人々に受け取られるとは限らない。情報の意味を理解するのに、専門的な知識を必要とする場合も多い。マスメディアがどう伝えるかによって、受け取り方が変わってしまうこともあるだろう。とくに、放射性物質のように、国民のほとんどが正確な知識をもっていない分野の情報については、あらかじめどう受け取られる可能性があるかを考えたうえで、公開するタイミングを探る必要がある。タイミングを間違えると、国民のあいだに無用な不安をかきたて、冷静さを失わせ、パニックを引き起こす恐れもある。このように、情報公開に積極的になることが、かえって国民から的確に判断する能力を奪うことにもなりかねないのだ。

以上のように、私は、情報公開を進めるには、もう少し慎重であるべきだと考える。

理解のポイント

ここが使える

「知る権利」と「表現の自由」の関係

「知る権利」とは、簡単にいえば、国民が必要な情報を邪魔されずに自由に受け取る権利のことだ。ここまでは誰でも知っていると思うが、**「知る権利」が「表現の自由」の中に含まれている**ことは、意外に知られていない。

「表現（言論）の自由」は、普通は「言論・報道の自由」として、マスメディアなどの情報の送り手の権利が問題になる場合が多い。逆に、情報の受け手のことは、あまり問題にされてこなかった。かつては、マスメディアは国民と一体になっていると思われていたため、それでよかったわけだ。

しかし、20世紀に入って、新聞やテレビなどの巨大マスコミが急激に発達して、情報の流通を独占するようになり、国民はそれを一方的に受け取るだけ、という関係が出来上がってしまった。また、ナチス・ドイツや戦時中の日本のように、国家がマスコミを利用して自分たちに都合のいい情報だけを流すことも行われるようになった。

そうなると、**情報の送り手だけでなく、それを受け取る側の権利も考える必要が出てくる。**

ここが使える

とくに近年では、「知る権利」は、インターネット上の情報に自由にアクセスできる権利も含めて考えられるようになった。インターネットが発達して、誰もが自由に情報を手に入れやすくなった反面、それに対する規制も強まってきている。

今後、この問題はますます注目されるようになるだろう。

情報公開がなぜ必要なのか?――「知る権利」は民主主義の根幹を成す

「知る権利」には、「必要な情報の提供を国家に請求する権利」という側面もある。

ここが使える

民主主義社会では、主権者は国民なので、国民が最終的に政治的な意思決定をしなければならない。そのためには、政府のもっている情報が常に国民にオープンになっている必要がある。情報がなければ、正しく考えることも議論することもできないからだ。

その意味では、**「知る権利」は民主主義の根幹を成すもの**とも言える。

ここが使える

この意味での「知る権利」が、従来、日本ではないがしろにされてきた。それは、**「お上(政府や官庁)の言うことを聞いていれば間違いない」というお上依存体質から、日本**

ここが使える

人の多くが抜け切っていなかったからだ。

しかし、1980年代以降、情報公開の重要性が広く知られるようになり、地方自治体のレベルでは、情報公開が進んできた。

そして、2001年、ついに情報公開法が成立し、国の行政機関が保有する情報を開示するよう市民が請求できるようになった。

福島第一原発事故の余波

ところが、2011年の福島第一原発事故がきっかけで、情報公開に対する国の姿勢が再び大きな問題とされるようになった。

事故が起こった際、政府と東京電力は、原発の現状や放射性物質の拡散などについての正確な情報をなかなか公開しなかった。あとになってから、外国の情報やマスコミなどの検証で真実が明らかになったことも多く、国に対する国民の不信感が一気に高まってしまった。

情報が隠されたせいで避難が遅れた人にとっては、これは命にも関わる問題だ。

ここが使える

国民が安心して生活できるためにも、情報の正確な開示は不可欠であることは間違いない。

それだけでなく、脱原発を進めるべきかといった問題について、国民が何らかの判断を下すためには、事故や被害の現状について正しい情報が与えられていなければならない。

その前提がもはや信用できないとなると、「国民による政治的意思決定」という民主主義の根幹が成り立たなくなってしまう。原発問題には世界中が注目しているので、国民だけでなく、国際社会の信用も失いかねない。

その一方で、こういった情報は、公開のタイミングを間違えると、パニックを引き起こす危険もあり、慎重に考えるべきだという意見もある。

ここが使える

また、**言うまでもなく、国家機密や国家の安全保障に関わる情報を簡単に公開することはできない。情報の種類によっては、プライバシーの侵害につながる場合もある。**

そういったさまざまな要素を考えたうえで判断すべき問題であることは確かだ。

取り調べの可視化

ここが使える

情報公開という点で、もうひとつ論議の的になっているのが、「取り調べの可視化」の是非だ。

以前から、日本の捜査機関による取り調べは問題が多いと言われてきた。

取り調べは密室の中で行われ、弁護士の立ち会いも許されない。被疑者は取り調べのあいだは留置所に勾留され、自白を引き出すために、何日でも拘束される場合も少なくない。そうなると、被疑者が取り調べから逃れるために、虚偽の自白をする恐れもある。

とくに近年、被疑者が自白を強要されたために冤罪となった事件が次々と明らかとなっており、警察・検察の取り調べに対する不信感が強まっている。そのため、取り調べの過程をすべて録音・録画し、あとからチェックできるようにするべきだという声が高まっている。

ここが使える

すでに、裁判員制度をきっかけに、検察では取り調べの一部を可視化する試みも始まっているが、検察に都合のいい部分だけを恣意的に切り取って証拠にする恐れもある。そのため、あくまでも取り調べの過程を全面的に可視化することを求める声が強い。

ここが使える

それに対し、捜査の現場からは、**「取り調べが可視化されると、捜査官に無言の圧力がかかって、取り調べがやりにくくなる」「被疑者が録音・録画されていることを意識するようになるので、被疑者との信頼関係が築きにくくなる」**あるいは**「取り調べの中で被害者などのプライバシーに関わる情報が出てきた場合、それも公開しなければならないとなると、被害者などを傷つける恐れがある」**などの反対意見も、依然として根強い。

3 プライバシー権

プライバシー権は、表現の自由とからめてよく問題にされてきたが、近年は個人情報の問題との関わりで出題されることも多い。情報化がさらに進むこれからの社会において、ますます重要性を増すテーマであることは間違いない。現状も含めて、しっかりと理解しておこう。

課題

日本では、マスコミが事件・事故などを報道する際、関係者（加害者か被害者かを問わず）を実名で報道するのが原則になっています。しかし、それに対して、実名報道はプライバシーの侵害につながるとして、匿名報道にすべきだという意見もあります。あなたは、そのことについてどう考えますか。６００字以内で論じなさい。

課題の解説

実名報道の是非は、日本では少年犯罪の場合にしばしば問題になるが、それだけではない。公人（政治家や芸能人など）はともかく、一般の市民（私人）の場合、そもそも有罪の確定していない容疑者やまして被害者を、実名報道することに問題はないのかという議論もある。そのため、スウェーデンのように、公人以外は原則として匿名報道の国もある。

「実名報道すべき」という立場としては、まず表現（言論）の自由や知る権利が問題になる。

国民が政治的な意思決定をするためには、必要な情報を得たり自分の意見を発表する自由が保障されていなければならない。実名が報道できないと、正確な情報を知ることができきなくなるし、政治家などを批判するような意見が自由に発表できなくなる。

それとも通じることだが、言論の自由は、権力を監視するためにも必要だ。

実名報道が制限されると、政治家や官僚の不正疑惑を自由に報道できなくなる恐れもある。そうなると、権力の監視という言論機関の役割が果たせなくなる。また、実名報道することで、警察の捜査の暴走を防ぐことができるという面もある。

それに対して、ノーの立場としては、やはりプライバシーの問題が中心となる。

実名報道は、いずれにしてもプライバシーの暴露につながるものだが、それがどこまで許されるのかという問題になるだろう。

犯罪の関係者が実名報道されると、世間の好奇の目にさらされて、社会的に不利益を被ることが多い。とくに被害者の場合、実名を報道することにどんな社会的な意義があるのか、疑問の声もある。

また、最近は、事故の犠牲者なども匿名にすべきだという声も上がっている。犠牲者の氏名を公表することは、遺族を傷つけ、プライバシーの侵害になるという理由からだ。個人情報保護の意識の高まりが、こうした声の背景にあるとも考えられている。

イエス・ノー、どちらで論じることもできるテーマだろう。

解答例 1

【賛成】報道の自由を守るべき

日本のマスコミは、実名報道が原則になっているが、プライバシー保護の観点から、それを批判する声もある。はたして、実名報道を続けるべきなのだろうか。

確かに、実名報道がプライバシー侵害につながる危険があることは認める必要がある。とくに犯罪被害者や事故の犠牲者については、実名の報道に慎重になることが求められる。遺族を傷つけたり、被害者に社会的な不利益をもたらす恐れがあることは否定できないからだ。しかし、それでも、マスコミは実名報道を原則とするべきだ。

民主主義社会では、国民が最終的に政治的な意思決定をする。そのためには、政治の現状について正確な情報を得たり、自分の意見を発表する自由が保障されている必要がある。ところが、プライバシーを守るという理由で、政治家の実名が報道されないとなると、国民がその政治家に対して必要な情報を知ることができなくなる。また、実名を出して、ある政治家を批判するような意見も発表しにくくなるかもしれない。そうなると、国民の知る権利や言論の自由が侵害され、国民は政治に対して正しい判断もできなくなってしまうだろう。それでは、民主主義社会として健全な状態とは言えない。

以上のように、私は、実名報道は健全な民主主義社会にとって必要なので、続けるべきだと考える。

解答例 2

【反対】プライバシー保護を優先すべき

日本のマスコミ報道は、原則として実名報道になっているが、プライバシー侵害につながるという批判もある。マスコミによる実名報道は、好ましいことなのだろうか。

確かに、実名報道の制限には危険な面もある。マスコミには、権力の監視という重要な役割がある。政治家などの不正疑惑が自由に報道できなくなると、その役割が果たせなくなり、マスコミの存在意義が問われることにもなりかねない。しかし、私人については匿名報道に切り替えるべきだと私は思う。

実名報道が、程度の差はあれ、その人のプライバシーを暴く行為であることは否定できない。であれば、その人の実名を報道することに、どの程度の公益性があるかが問われることになる。公人の場合はある程度やむを得ないとしても、私人の場合、実名を広く社会に知らせることが、社会にどんな利益をもたらすのかを考える必要がある。とくに犯罪被害者や事故の犠牲者の場合、彼ら彼女らの実名を知らされることが、一般の市民にとって何らかの利益につながるとは考えにくい。世間の好奇の目にさらされて、本人や遺族を傷つけ、社会的不利益を与えるだけであれば、あえて実名報道をするより、彼らのプライバシーをできるだけ守ることを優先するべきではないだろうか。

したがって、私は、実名報道は問題が多いので、改めるべきだと考える。

プライバシー権
理解のポイント

プライバシーの権利とは？

ここが使える

プライバシーの権利をどう考えるかは、歴史的に大きく変わってきている。

私たちが普通に考えるプライバシー権とは、「私生活をみだりに公開されない権利」のことだ（古典的プライバシー権）。もともとは**「一人にしておいてもらう権利」**とも呼ばれていた。

たとえば、自分の部屋を他人にのぞかれていると思えば、人は自分らしくふるまうことはできないだろう。個人が自分らしくふるまうためには、自分の私的領域を他人に干渉されないという保障が必要になる。だから、私生活の情報をスポーツ新聞などでおもしろおかしく書かれると、それはプライバシー権の侵害になり得るわけだ。

近年、インターネットが発達して、ツイッターなどのソーシャル・ネットワーキング・サービスが普及したことで、こうしたプライバシー侵害の問題もより深刻になっている。

ツイッターなどで、「どこそこに知り合いがいるのを見かけた」と気軽につぶやくことは、誰でもあるだろう。しかし、それが本人にとっては公開されたくない情報だった場合、プライバシーの侵害と見なされる恐れがある。

ここが使える

プライバシーの侵害といえば、かつては出版物やテレビなどのマスメディアと個人とのあいだの問題と考えられていたが、インターネットが発達し、誰もが情報の発信源になれるようになった現在、同じような問題が個人間でも頻繁に起こるようになっている。

新しいプライバシー権「自己情報コントロール権」の登場

このように、情報化が進んだために、新しいプライバシー権の考え方も登場した。それが、「自己情報コントロール権」だ。

ここが使える

「自己情報コントロール権」とは文字どおり、自分についての情報を自分でコントロールする権利のことだ。「古典的プライバシー権」と対比して、**「積極的プライバシー権」**と呼ばれることもある。

情報化が進んで、情報がコンピュータで管理されるようになると、国家や企業のもつ個人の情報が簡単に流通したり、場合によっては取引の対象にされるようになった。そうなると、自分についての情報が、政府や企業によって悪用される不安も出てくる。

そうならないように、自分の情報がどれくらい知られているかを知り、またそれをどのように流通させるかを自分で管理する権利が認められるようになったわけだ。

住基ネットが浮き彫りにした「自己情報コントロール権」の難しさ

この新しい権利が問題になった典型的な事例が、住基ネットをめぐる判例だ。

ここが使える

住基ネット（住民基本台帳ネットワークシステム）とは、氏名・性別・生年月日・住所を記した各自治体の住民基本台帳をネットワーク化して、全国の行政機関が利用できるようにしたものだ。これを使えば、全国どこからでも住民票の写しがとれるなど、行政の住民サービスが格段に改善される。

その一方で、「ネットワークから個人情報が漏れるかもしれない」「ネットワークに集約された個人情報が行政によってどのように利用されるのかがわからない」などの不安の声も大きかった。

実際、住基ネットがプライバシー侵害に当たるとして、各地で多くの訴訟が起こった。

それに対して、各裁判所の判断も割れ、さまざまな議論になったが、**最終的には**

ここが使える

2008年の最高裁の判決で、住基ネットはプライバシー権の侵害に当たらないとの判断が下された。

ここが使える

その意味では、**住基ネットの事例は、自己情報コントロール権の法的な位置づけの難しさを浮き彫りにした**と言える。

個人情報保護法のメリット・デメリット

情報化の進展による状況の変化に対処するために、2005年、個人情報保護法が施行された。個人情報保護法は、個人の権利や利益を保護するために、個人情報を扱う事業者に一定の義務を課す法律だ。

この法律によって、個人情報を取得する際には、その情報をどのように利用するのか、本人に明確に伝えなければならなくなった。

それ以外にも、「本人の同意を得ずにその人の個人情報を第三者に提供してはいけない」「本人が要求すれば、その人について保有している個人情報を開示しなければならない」などの規定があり、それらに違反すると罰則が科される。

この法律によって、個人情報保護の重要性を多くの国民が意識するようになった。その意味では、大きな効果があったと言える。
しかし、こうした状況には問題点もある。

利用目的を明確にしないと個人情報を得られないとなると、ジャーナリズムが、政治家などの公人のプライバシー情報を自由に報道できなくなる。そうなると、国民の「知る権利」に反する恐れがある。そもそも、権力を監視するというジャーナリズムの機能が果たせなくなるかもしれない。

また、この法律に過剰に反応して、クラスの名簿や緊急連絡網をつくらない学校も出てきた。これでは、適切なクラス運営ができず、クラス内の人間関係にも影響が出るだろう。同じような問題は、一般の企業や社会全体にも起きる危険がある。

ここが使える

これに限らず、**リスクを避けようとする事業者の杓子定規な対応が、かえって無用なトラブルを招いているケースも少なくない**。

ここが使える

個人情報保護法の目的は、たんに「個人情報を守る」だけでなく、その有用性を認識し、適切に活かせるようにすることにある。その点を、事業者も利用者もよく考えることが必要だろう。

4 監視社会

監視社会の問題は、国際政治や情報社会などさまざまな分野と関わる大きなテーマだ。現代社会のゆくえを理解するのに、この問題の理解は欠かせない。一方では「プライバシー権」、他方では「テロリズム」ともあわせて、しっかりと理解しておこう。

課題

9・11の同時多発テロ以降、監視カメラがいたるところに設置されたり、公共施設や企業のセキュリティが厳しくなるなど、監視社会化が進んでいると言われています。そうした状況に対して、「市民の安全のためにはやむを得ない」という意見と、「市民の自由な行動を侵すもので許されない」という意見が対立しています。あなたはどう考えますか。600字以内で論じなさい。

課題の解説

近年、世界的に監視社会化が進んでいるが、そうした現状について考える問題だ。もちろん、そうした現状が好ましいかどうかを問題提起すればいい。

課題の狙いとしては、監視社会化を市民の安全のために肯定する立場と、行動の自由の侵害につながるとして批判する立場のどちらを選ぶべきかが問題になっている。まずはその点をきちんと押さえておこう。

イエスの立場としては、監視社会化の進む社会的な背景をしっかりと考える必要がある。

9・11以降、テロリズムは一部の紛争地域に限らず、世界的に広まるようになった。欧米などの先進国でもテロリズムが日常化して、一般の市民にとってもテロの危険が身近なものになってきた。

その一方で、グローバル化が進んで、国境を越えた人や資本の移動が活発になると、それに伴って犯罪もグローバル化したり、伝統的な社会秩序が崩れて治安が悪化したりする。そういった状況に対して、市民のあいだに不安が広がっている。監視の強化は、犯罪を抑止して市民の安全を確保するために貢献するのはもちろんだが、市民に安心感を与えることで、社会活動を円滑にし、社会の秩序を取り戻すという面もあるだろう。

ノーの立場から書く場合は、やはり監視社会化が市民の行動の自由やプライバシーの侵害につながることを、しっかりと論じるのが正攻法だ。

まず、セキュリティの強化が、実際に人々の行動の自由を制限して、社会活動を停滞させている面がある。

また、常に監視されていると思うだけで、人は自由に行動できなくなる。プライバシーが保障されていてこそ、人は自分らしくふるまうことができる。プライバシーの保障は、個人の尊厳を守るために重要だとも言えるので、そういった観点から監視社会化を批判することもできるだろう。

解答例 1

【賛成】市民に安心感を与えるべき

近年、世界的に監視社会化が進んでいると言われている。そうした現状は、はたして好ましいのだろうか。

確かに、監視が強まれば、それだけプライバシーの侵害につながる危険がある。人は、常に誰かに監視されていると思えば、自分らしく自由にふるまえなくなってしまう。そのことが、人々の行動の自由の制限につながることもあるだろう。しかし、私は、監視を強めることで生じるメリットのほうが大きいと思う。

近年、世界的にテロの危険が広がっており、一般の人々にも身近になってきている。日本も決して例外ではない。また、グローバル化が進んだために、犯罪もグローバル化し、治安が悪化している。そのため、市民のあいだにも不安が広がって、社会秩序が乱れ、かつてのように安心して社会生活を送れなくなってきている。そうした現状の中で、犯罪を抑止して市民の安全を確保するためには、ある程度プライバシーを犠牲にしてでも、監視を強化するのもやむを得ない。それ以上に、社会全体としてセキュリティを高めることで、市民の不安を取り除ける点が重要だ。それによって、市民に安心感を与えて、社会秩序を回復させることができるはずだ。

このように、私は監視社会化を進めることは、決して否定されるべきではないと考える。

解答例 2

【反対】個人の尊厳を守るべき

近年、監視社会化が進んでいる現状に対して、批判的な声も多い。はたして、監視社会化をこのまま進めるべきなのだろうか。

確かに、テロの危険が身近になったり犯罪のグローバル化も進むなど、急速に治安が悪化しているのが国際社会の現状だ。そのため、市民の安全を確保するためには、ある程度監視を強化することも必要なのかもしれない。しかし、だからといって、監視社会化がこのまま進むのを認めるわけにはいかない。

セキュリティを強化すると、一般の市民でも行動の自由が制限される。しかし、それだけではない。人間は、プライバシーを保障され、私的な領域では自由にふるまうことが許されることで、はじめて自分らしくいられる。それでこそ、個人の尊厳が守られるのである。ところが、監視社会化が進むと、実際に監視カメラなどが近くになくても、人は監視されていると思い込むようになる。そして、少しでも疑われる危険のある行動をしないように、常に監視の目を意識してふるまうようになる。そうなると、人はどこにいても自分らしくふるまうことができなくなってしまう。それでは、民主主義社会にとって最も重要な個人の尊厳が損なわれてしまう恐れがあるのだ。

以上のように、私は監視社会化を進めるのは好ましくないと考える。

監視社会

理解のポイント

監視カメラ社会の到来

現代は、監視社会化が進んでいると言われている。

ここが使える

監視社会の問題としてよくあげられるのが、監視カメラの問題だろう。監視カメラ大国と言われるイギリスでは、全土ですでに数百万台のカメラが設置されている。日本でも、公的な場所に限らず、いたるところに監視カメラが設置されるようになってきている。

ここが使える

監視カメラ導入の背景には、グローバル化によって治安が悪化していることへの不安がある。

監視カメラには、犯罪の証拠を確保する目的のほかに、カメラの存在を意識させることで犯罪を抑止する効果も期待されている。

ここが使える

ただし、**監視カメラの存在は、一般の市民にも「常に行動を監視されている」という強**

い不安感を与え、市民から行動の自由やプライバシーを奪っていることも否定できない。

テロとの戦いが監視社会化を加速させた

ここが使える

こういった監視社会化は9・11のアメリカ同時多発テロ以降、ますます加速している。

たとえば、アメリカでは、9・11のわずか数十日後に「米国愛国者法」という法律が制定された。

これによって、「テロ関与の疑いがある」と当局に判断されただけで、携帯電話やEメールを傍受したり、外国人であれば司法手続きなしで拘束することも可能になった。少しでも疑いがあれば、政府機関が個人情報を徹底的に調査し、図書館でどんな本を借りているかまで調べられることもあったようだ。そして、いったん「危険人物」と見なされると、一般市民でも飛行機に乗ることもできない、といった事態が実際に起きている。

こうした傾向は、アメリカに限ったものではない。

ここが使える

イギリスでも、監視カメラを正当化する根拠として、2005年の爆弾テロの犯人がすばやく検挙された例がしばしばあげられる。テロリズムが国境を越えて広がり、テロの危険が日常的になるにつれて、それを防ぐための監視システムも国際的にネットワーク化してきている。

そもそも、このように携帯電話やメールの傍受が可能なのは、各国の情報機関のネットワークが、携帯電話などの情報を傍受し、解析するシステムをつくり上げているからだ。私たちの携帯電話での会話も、アメリカの情報機関に筒抜けになっている可能性がある。

ここが使える

その意味では、**監視社会化は、情報化の進展とも大いに関係がある**と言えるだろう。

情報化と監視システムの強化

「プライバシー権」の項目でも述べているように、個人情報がコンピュータ上でデータベース化され、ネットワークを通じて簡単に参照できるようになってきている。

それによって、国家が特定の個人の情報を取得しやすくなっているのは間違いない。アメリカがそうなっているように、情報化は、国家による監視システムの強化も同時に推し進めている。

ここが使える

しかし、**「国家による監視」だけでなく、「企業による監視」も問題**になっている。

個人情報がデータベース化され、ネットワーク化されると、私たちの生活はそれだけ便利になり、快適になる。アマゾンのような通販サイトでは、それまでの買い物の履歴を参照して、おすすめの商品を勝手に示してくれる。

だが、それは一方では、私たちが好きなものや必要としているもの、つまり個人の趣味や生活状態までが、マーケティングに有用な情報として企業に管理されているということだ。**インターネット上に個人情報を登録することは、便利さと引き換えに、そうした外部からの管理や監視を受け入れることにもつながっている**わけだ。

職場においても、社員のメールが会社によって管理されるなど、労働者の管理や監視がより強まってきている状況がある。

ソーシャル・ネットワーキング・サービスの問題

このように、**「国家による監視」「企業による監視」などの問題がある一方で、インターネットが一般の市民同士の相互監視システムになりつつある**とも言われている。

とくに問題になっているのが、ツイッターやフェイスブックなどのソーシャル・ネットワーキング・サービスだ。

ツイッターなどで何かをつぶやくと、その情報は全世界に発信される。

「一億総ジャーナリスト化」とも言われるように、たとえば「誰それをどこそこで見かけた」というツイートをすると、それが情報としてたちまち拡散されるかもしれない。

ここが使える

このように、**インターネットやソーシャル・メディアの発達により、プライバシーがいつ、誰によってさらされるかわからない状況になっている。監視カメラのように目に見えるものではないだけに、「誰かに見られているかもしれない」という不安がいっそう強まる。**

また、うっかり「カンニングをした」「飲酒運転をした」などのツイートをするとしよう。すると、場合によっては「2ちゃんねる」などの掲示板にさらされて、匿名の人々に徹底的に糾弾され、時には社会的に抹殺されることもある。ネットユーザーの中には、わざわざ検索をして、そうした不用意なツイートを探して広めようとしている人もいる。

もちろん、市民相互の監視システムは、昔から存在した。地域共同体の中では、誰もが顔見知りで、お互いのプライベートな情報まで知り尽くしていた。それは不自由さもある一方で、共同体によって個人が守られるというプラス面もあった。

それが、地域共同体が崩壊した現在では、インターネット上に移行して、見知らぬ者同士がむき出しの正義感を振りかざし、お互いを糾弾し合う場になってしまっている。

「監視社会」という言葉には、「権力による個人の監視」という以外に、そうした側面がある点にも注意する必要がある。

5 セクシャル・ハラスメント

セクシャル・ハラスメントについては、たんに「よくないこと」といった程度の理解しかない人も多いだろう。これは性差別の問題であり、日本の労働環境に関わる問題でもある。問題の背景を的確に理解して、セクハラの何が問題なのかを、きちんと説明できるようにしておこう。

課題

セクシャル・ハラスメント（セクハラ）の問題は広く認められるようになり、男女雇用機会均等法の改正などによって法的な規制も設けられるようになりました。けれども、現実には、セクハラの被害はそれほど減少していません。

そのため、セクハラ防止法をつくって、罰則を強化するなど、もっと厳しい対応をするべきだという意見もあります。あなたはどう考えますか。600字以内で論じなさい。

課題の解説

セクシャル・ハラスメントという概念は、「セクハラ」という略称で、近年、日本でも広く知られるようになった。もっとも、こうした問題そのものは昔から存在した。

セクハラとは、簡単にいえば、職場などで力関係を背景に性的な嫌がらせをすることだ。男性の上司が女性の部下に性的な誘いをかけても、女性は立場上断れないことが多い。そうなると、女性は泣き寝入りするしかない。そうならないように、セクシャル・ハラスメントという概念が明確にされ、それが人権侵害であることがはっきり主張されるようになったわけだ。

ところが、そうしたケースだけでなく、職場で女性社員を前に性的な冗談を言ったり、女性にしつこく恋人関係のことを聞いたりすることも、セクハラと呼ばれるようになった。そのために、どこからどこまでが「セクハラ」とされるのかがあいまいになり、混乱も起こっている。

セクハラの厳罰化にイエスの立場からは、セクハラが重大な人権侵害であるにもかかわらず、そのことがいまだにはっきり認識されていない現状を批判することができる。日本では、結局、「面倒くさいことになるから」という理由で、セクハラ扱いされることを避けようとするばかりで、セクハラが性差別であり、人権侵害であるという認識はそれほど浸透していない面がある。そうしたことをしっかりと説明すれば、十分説得力のある小論文になるだろう。

ノーの立場で書くなら、セクハラの定義をあいまいにしたまま規制を厳しくすることの危険性を指摘することができるだろう。実際、気に入らない人間の何でもない行為をセクハラ扱いするといったことが、いまでも行われている。規制を強化すると、そうした職場いじめが冤罪を生む恐れもある。

また、セクハラ扱いされるのを恐れるあまり、お互いに言動に気を遣いすぎて、職場でのコミュニケーションがうまくいかなくなっているケースなどを説明するのもいいだろう。

解答例 1

【賛成】セクハラの何が問題かをもっと明確に

日本でもセクシャル・ハラスメントの問題が広く知られるようになってきたが、セクハラの被害はそれほど減少しているとは言えない。そのため、罰則を強化するなど、もっと厳しい対応をするべきだという意見があるが、それは正しいだろうか。

確かに、セクハラの規制を強化しすぎることには問題もある。セクハラの定義があいまいなまま規制ばかり厳しくしても、職場で実際にどう対応していいのかわからないだろうし、冤罪につながる恐れもある。しかし、それでもセクハラに対しては、もっと厳しい対応が必要だと私は考える。

セクハラはよくないという意識は、日本でも少しずつ広まってきている。しかし、セクハラは性差別であり、それが人権侵害につながるということは、あまり理解されているとは言えない。男女雇用機会均等法が成立して久しいにもかかわらず、日本の職場では、いまだに女性が男性を補助する役割を強いられることも多い。それは、セクハラに寛容な日本の職場の体質と同じ根から出ているもので、結局、女性の扱いに対する企業の意識は以前とそれほど変わっていないのが問題だ。セクハラが性差別であり、人権侵害につながるという認識を広めるためにも、もっと厳しい規制が必要だと思う。

以上の理由で、私は、セクハラへの対応はもっと厳しいものにするべきだと考える。

解答例 2

【反対】円滑なコミュニケーションが不可能に

現在、セクシャル・ハラスメントには法的な規制も設けられているが、それでもセクハラの被害はあまり減少していないと言われている。それでは、セクハラに対して、もっと厳しい対応を考えるべきなのだろうか。

確かに、セクハラの被害があまり減っていないとすれば、何らかの対策は必要だろう。学校でセクハラの問題を取り上げてもいいし、職場でも、セクハラの何が問題なのかを社員全員がきちんと理解し、認識を共有する必要があるかもしれない。しかし、だからといって、これ以上セクハラへの規制を厳しくするのはよいことだとは思えない。

セクハラの定義には、あいまいなところが多い。誰が見ても明らかな性的嫌がらせはともかく、何をセクハラとするかの判断基準は、感じる側の主観に委ねられているのが現状だ。その点があいまいなために、男性社員は誤解されないように気を遣いすぎて、会話がぎこちなくなる場合もある。社員同士が信頼関係を築くには、多少プライバシーに踏み込んだ会話をするのが有効な場面もあるはずだが、これ以上規制が厳しくなると、それもできなくなる恐れがある。そうなると、職場で円滑なコミュニケーションができなくなってしまうのではないだろうか。

したがって、私は、セクハラへの対応をこれ以上厳しくすることには反対だ。

セクシャル・ハラスメント

理解のポイント

ここが使える

セクシャル・ハラスメントの定義は？

「セクシャル・ハラスメント」（略称セクハラ）とは、主に職場や学校における性的な嫌がらせのことを指す。1970年代にアメリカで提唱された概念だが、日本では1990年代以降、急速に広まった。そして、1997年の男女雇用機会均等法の改正において、セクハラ対策に関わる規定が新たに加わって、一般にも広く認知されるようになった。

当初は、男性から女性への嫌がらせが「セクハラ」と呼ばれたが、現在では、女性から男性、または同性同士の場合も含まれるようになっている。

セクハラはなぜ起こるのか？

セクハラが問題になるのは、多くの場合、男性の上司と女性の部下のあいだでのことだ。

ここが使える

典型的なセクハラは、男性の上司が女性の部下に対し、相手が立場上断れないのを利用

して性的な誘いをかけるケースだ。つまり、嫌がらせをする側とされる側の関係が対等でなく、力関係に差があることが前提になっている。

ここが使える

もともと、職場では女性は立場が弱く、男性と対等に扱われないことが多いが、そのために男性が性的な言動をしても、女性が不快を感じるかどうかは問題にされなかった。

また、性的な言動をする男性も、それが嫌がらせになるかどうかを自覚しない場合がほとんどだった。そのため、**従来は、女性の側が泣き寝入りを強いられることが多かった**。

ここが使える

現在では、セクハラの問題が社会的に広く認知されるようになり、職場でセクハラ防止のガイドラインがつくられるようになり、加害者は厳しい社会的制裁や処分を課されるようになってきている。とはいえ、**日本は現在でもセクハラに寛容な面があり、欧米に比べて問題視されることは少ない**ようだ。

セクハラには2種類ある——「対価型」と「環境型」

セクハラには、大きく分けて「対価型」と「環境型」の2種類あると言われる。

ここが使える

「対価型」の典型は、上司に性的関係を強要されるケース。

拒否できないことがわかっていて、無理やり体を触ったり、性的な言動をさせるなども含まれる。もともと「セクハラ」は、こうしたケースに泣き寝入りすることの多い被害者を救済するために生まれた概念だったとも言える。

ここが使える

「環境型」の典型は、女性のいる職場で性的な冗談を言ったり、女性に恋愛経験や結婚についてしつこく聞いたりするケース。これが問題になるのは、そうした行為のために職場にいるのが嫌になり、仕事に集中できなくなるなどの問題があるためだ。

ここが使える

しかし、**とくに「環境型」の場合、何がセクハラに当たるのかの判断は難しい**。**同じ行為でも、相手に好意をもっていれば「セクハラ」にならず、そうではなくて不快に思えば「セクハラ」になるなど、あくまで受ける側の主観が判断基準になる**。一応、「平均的な女性（男性）労働者の感じ方」を基準にするとされているが、何をもって「平均的」とするかを決められるはずがないので、その基準で割り切るのは現実には困難だ。

ここが使える

そのため、**セクハラと言われないように、過度に気を遣ってしまって、職場におけるコミュニケーションが円滑に進まないといった問題も起きている**。

また、気に入らない相手を陥れるために、相手の何でもない行為を「セクハラ」と決めつけて非難するなど、別の形での職場いじめにつながるケースも少なくない。

最近問題になっている「パワー・ハラスメント」「アカデミック・ハラスメント」

パワー・ハラスメント（略称パワハラ）は2000年以降、急速に広まった和製英語だ。パワーとは力。つまり**パワハラというのは、「職場での力関係を利用した、おもに上司の部下に対する嫌がらせ」**を指している。

ここが使える

わかりやすい例は、大勢の前で部下の人格をおとしめるような暴言を吐いたり、暴行を加えたりすることだ。直接的な行為でなくても、「相手の存在を無視したり、仲間はずれにする」「仕事を与えない」「能力を超えた過大な要求をする」などもパワハラに含まれる。

いずれにせよ、**力関係を背景に、弱い立場の労働者に対して精神的・身体的苦痛を与え、職場にいづらくさせる行為が、パワハラと呼ばれる**。

ここが使える

大学などで、教官が学生や大学院生に対して行う場合は、**「アカデミック・ハラスメント」（略称アカハラ）**と呼ばれることがある。同じような問題は、学校の部活動やサークル活動における顧問教師と部員、先輩部員と後輩部員の関係などにも見られる。

ここが使える

セクハラも、ほとんどの場合、職場での力関係を背景にしているため、パワハラの一部と見なされることが多い。

日本特有のパワハラのあり方

パワハラは、欧米でも「モラル・ハラスメント」「ブリング」「モビング」などと呼ばれて問題になっているが、日本に固有の労働環境が問題の背景にあることも否定できない。

ここが使える

日本では、いまでも終身雇用が一般的なので、職場での人間関係が抜き差しならないものになりがちだ。そのため、日本でのパワハラは、集団によるいじめという形をとることも多い。また、**正社員が派遣社員やアルバイトなどの非正規労働者をパワハラの対象とするのも、日本特有の現象**と言える。

パワハラとされる行為の中には、従来、「業務上の指導」と受け取られてきたものもある。そのため、パワハラをする側にその自覚がないことも多い。

ここが使える

セクハラと違ってパワハラには法的な規制がなく、「業務上の指導」との線引きは難しい場合が少なくない。

しかし、日本でもパワハラの問題は広く知られるようになり、行政や司法でも厳しく対処するようになってきた。

ここが使える

パワハラを許容してきた日本企業の労働環境も、今後は変わっていかざるを得ないだろう。

6 労働問題

ここ数年、労働問題が、社会問題として大きくクローズアップされるようになっている。日本の経済成長を支えてきた経営や雇用のシステムが崩れてきているのが原因だ。それに伴って、労働や雇用をめぐる法や人権の考え方も変わってきている。背景も含めてよく理解しておこう。

課題

2008年のリーマン・ショックによって景気が急速に悪化したため、派遣労働者が大量解雇される「派遣切り」が話題になりました。そのため、登録型派遣や製造業への派遣を原則禁止するなど、労働者派遣の規制をもっと強化すべきだという意見が高まっています。それについて、あなたはどう考えますか。600字以内で論じなさい。

課題の解説

派遣労働者（派遣社員）とは、非正規雇用労働者の一種で、派遣会社から企業に派遣され、その派遣先の企業のために働く労働者のことをいう。

従来、日本的な雇用形態になじまなかったためにあまり認められてこなかったが、1990年代、規制緩和の流れに乗って、労働者派遣事業が一気に増えた。

その背景には、グローバル化による国際競争の激化に対応するために、できるだけ人件費を削ってコストカットしたいという企業側の思惑がある。

派遣労働者は、正社員に比べて解雇しやすく、賃金も低く抑えられる。そのため、正社員を新規採用するのをやめて、派遣社員などの非正規雇用労働者を多く雇うようにすれば、それだけコストカットが期待できるわけだ。

ところが、リーマン・ショック以降の不況の深刻化のため、大量の派遣労働者が解雇される、いわゆる「派遣切り」が問題になった。その結果、派遣労働者を保護するために労働者派遣の規制をもっと強化すべきだという声が高まったが、2012年に成立した改正労働者派遣法は、実質的に以前とほとんど変わらない内容となっている。

こういった背景を踏まえて、労働者派遣の規制強化の是非を考える必要がある。

イエスの立場で書くなら、以上のような状況を踏まえて、「派遣労働者が簡単に解雇されないようにすることが、労働者の人権保護のために必要だ」という方向で論じるといい。

ノーの立場で書くなら、規制の強化が、逆に労働者にマイナスに働くという方向で論じるといいだろう。派遣を規制すれば、たんに正社員を余計に働かせて派遣社員を雇わないようになるだけ、という状況も考えられる。簡単に解雇できないとなれば、企業も簡単には雇えなくなるわけで、その分、仕事が減る労働者も増えるかもしれない。

また、労働者派遣の規制を強化するよりも、むしろ派遣労働者でも、正社員と同じような待遇が受けられるようにすべきだ、という考え方もある。

イエス・ノー、どちらを選んでも説得力のある小論文になるはずだ。

解答例 1

【賛成】派遣労働者の使い捨てを許すな

不況の深刻化に伴って、派遣労働者が大量解雇される「派遣切り」が話題になった。それに対して、派遣労働者の保護のために、労働者派遣の規制をもっと強化すべきだという意見がある。はたして、その意見は正しいのだろうか。

確かに、規制の強化がすべての労働者にとってプラスになるとは限らない。自由に働きたい人にとっては、派遣労働が制限されると、それだけ仕事の選択肢が狭まるので、好ましいとは言えないかもしれない。しかし、そうしたタイプの労働者はいまでは少数派であって、ほとんどの労働者にとっては規制の強化は望ましいはずだ。

派遣労働者は、正社員に比べて解雇しやすく、賃金も低く抑えられるために、人件費を抑えたい企業にとっては便利な存在だ。そのために、企業は正社員を雇うのをやめ、派遣労働者を使い捨てにしているのが実状だ。労働者をそんな不安定な状態に置くことは、生存権の侵害にほかならない。派遣労働の規制を強化して、企業が安易に派遣労働者を使い捨てできないようにすれば、企業ももっと正社員を雇って、できるだけ長く会社に貢献できるように、人材の育成に努めるようになるだろう。長い目で見れば、そのほうが日本経済の立て直しにつながることは明らかだ。

したがって、私は、労働者派遣の規制をもっと強化するべきだと考える。

解答例 2

【反対】規制強化はかえってマイナスに

派遣労働者が大量解雇される「派遣切り」が話題になり、派遣労働者を守るべきだという声が高まっている。そのためには、労働者派遣の規制強化を進めるべきだという意見があるが、はたしてそれは正しいか。

確かに、派遣労働の実態には、問題も多い。雇用の不安定な派遣労働者は、企業との関係において極めて弱い立場にある。その派遣労働者に不況のすべてのしわ寄せが行かないように、何らかの対策が必要なのは間違いない。しかし、派遣労働の規制強化は、労働者にとっても、むしろマイナス面のほうが大きいと考えられる。

労働者派遣を規制しても、経済が回復しない限り、雇用が増えるわけではない。企業が払える人件費の総額には限界がある。派遣労働者を簡単には雇えないとなれば、企業は、代わりに正社員の労働時間を増やすことで対応したり、規制に引っかからない外国人労働者を雇うことになるかもしれない。そうなると、規制の強化は、かえって労働者の仕事を奪うことにしかならないわけだ。それよりもむしろ、派遣労働者でもきちんと社会保障が受けられるようにしたり、再雇用しやすくするなど、セーフティーネットを充実させて、雇用がなくてもなるべく不安定な状態に置かれないようにするほうが先決だと思う。

このように、私は、安易に労働者派遣の規制強化をするべきではないと考える。

労働問題

理解のポイント

ここが使える

「雇用の流動化」で明らかになった「日本型雇用システム」の限界

戦後の日本経済は、「日本型雇用システム」によって支えられてきた。その特徴を示すのが「終身雇用制」「年功序列制」「企業別組合」だ。この3つはお互いに関係し合っている。

労働者はひとつの会社に忠誠を誓って定年まで勤め上げ、それに応えて企業は家族も含めて生涯労働者の生活の面倒を見ることになる。そのために、勤続年数に応じて社内の地位が上がり、賃金も上がる仕組みになっているわけだ。

また、欧米では、労働組合は産業別・職種別なのが一般的なのに、日本では企業ごとに組合をつくっているのもそのためだ。そして、このシステムは、経済成長が続いているあいだはうまく機能していた。

ところが、1990年代、日本は長期不況に陥る一方、グローバル化が進み、国際競争に対応するための規制緩和が進められた。

人件費を抑えるために正社員がリストラされ、代わりに自由に解雇できるパートやアルバイト、派遣労働者などの非正規労働者が増えて、全労働者の3分の1を超えるまでになった。とくに、新卒の採用者数が絞り込まれ、大学を出ても定職につけず、非正規雇用に甘んじる若者が増えていった。

ここが使える

こうした**雇用の流動化自体は、必ずしも否定されるべきものではない。日本経済が低成長時代に入って、かつてのような完全雇用が望めない以上、やむを得ない面がある。**

ここが使える

しかし、**問題は、そうした雇用の変化に日本の雇用システムが対応できていないこと**だ。

かつての「日本型雇用システム」は、実質的に破綻しているにもかかわらず、それに替わる新しいシステムはいまだに出来上がっていない。そのために、正社員と非正規労働者の格差の拡大や、非正規労働者の貧困化などの問題などが起こっている。

現在、労働問題が社会問題として注目が集まっているのは、そうした状況が背景にある。

非正規労働者のいったい何が問題か?

そもそも、こうした問題が起こるのは、もともと非正規労働者が「日本型雇用システム」の外に置かれていたことによる。

ここが使える

正社員と非正規労働者では、同じ仕事をして同じように働いても、賃金が異なる。

また、非正規労働者が長期にわたって働き、企業に貢献しても、身分は保障されない。不況になると、正社員の雇用を守るために、真っ先に非正規雇用労働者から解雇される。

実際、2008年のリーマン・ショックで世界同時不況が起こった際、真っ先に非正規雇用の人たちが解雇され、路頭に迷う人も多かった。「ネットカフェ難民」「年越し派遣村」などが話題になったのも、このころのことだ。

このような明らかな差別がこれまであまり問題になってこなかったのは、かつては非正規雇用は主婦のパートや学生のアルバイトが主で、たんに家計を補うものとしか考えられていなかったからだ。

しかし、いまでは、労働力に占める非正規雇用の割合が35パーセントにもなっている。非正規労働者の中には、最低限の生活をするのも困難な人が増えてきている。

ここが使える

もちろん、これからの時代、かつてのような「日本型雇用システム」は通用しない。すべての労働者を正社員にするのも不可能だ。

ここが使える

だからこそ、「同一労働同一賃金」を実現するなど、正社員も非正規労働者もできるだけ均等に扱い、格差が生じないような、新しいシステムを模索する必要がある。

過重労働による正社員のうつ病などが増えている

ここが使える

リストラが敢行され、非正規雇用が増える一方、いわゆる正社員の数は減っている。そのため、**正社員の過重労働が問題になっている**。

長引く不況のため、いくら働いても残業代のつかない「サービス残業」が増えてきた。正社員の数が減っている分、一人ひとりの仕事量も増え、責任も重くなっている。そのうえ不況のため、会社を辞めたくても辞められない状況では、仕事に対するプレッシャーも増大するばかりだ。そのために、うつ病になったり、過労死にまで至るケースも増え、社会的にも大きな問題になっている。

ここが使える

もともと長時間労働は、「男性が外で働き、女性は家で家事・育児に専念する」という性別役割分業がはっきりしていた時代の産物だ。夫婦共働きが普通になり、男性も家事・育児に協力しないと子育てもできない時代なので、働き方そのものを見直す必要がある。

これからの社会保障をどうするか?

もうひとつ、大きな問題になるのが、社会保障だ。

ここが使える

日本の賃金は、基本的に、「生活給」の考え方をとってきた。賃金をたんに仕事への対価としてではなく、その労働者の年齢や家族構成も考慮して決める考え方で、これが年功序列的な考え方と組み合わさってできたのが日本の賃金体系だ。

つまり、若いあいだは、いくら仕事ができても給料を抑え、年齢が上がるにつれて少しずつ給料も上げていく。そして、結婚して子どもができ、学校に進むようになるころには、高い教育費や住宅費などを賄えるだけの給料になっているわけだ。

ここが使える

その意味では、**終身雇用も含め、会社が労働者とその家族の生活を保障してきた**と言える。

ところが、非正規雇用の場合、いくら働いても賃金の上昇が望めず、将来安定した生活が営める保障もない。そのため、結婚や子どもをもつことに消極的な若者が増えている。

ここが使える

よって、**これまで企業が担ってきた生活保障の機能を、社会全体で負担する仕組みを考える必要がある**。また、**賃金体系そのものを「生活給」から、欧米で一般的な「職務給」（職務に応じた給与）に変え、その代わりに家族手当などの公的支援を充実させるといった、思い切った賃金体系の変化も必要**だろう。

7

裁判員制度

裁判員制度が始まって数年たつが、まだ議論は続いている。司法や人権、市民の役割といった大きなテーマと関わる問題だけに、今後も議論は尽きないだろう。この制度がなぜ導入されたのか、そして何が問題なのかをしっかりと理解して、自分なりの考えをまとめておこう。

課題

さまざまな議論の末、２００９年、一般の人も裁判に参加する裁判員制度が始まりました。しかし、現在でも、裁判員制度の是非をめぐって議論が続いています。あなたは、裁判員制度についてどう考えますか。メリットとデメリットの両方を踏まえたうえで、あなたの意見を６００字以内でまとめなさい。

課題の解説

裁判員制度については、賛成意見も反対意見も、制度が実施される前にすでに出揃っていた面もあるが、実際に制度が始まってから明らかになった問題点もあるので、それらを自分なりに整理する必要がある。

まず、裁判員制度の理念として、「裁判に市民感覚を反映させる」「司法を市民に身近なものにする」などがあげられる。これらは、実際に裁判員制度が構想される際に考えられていた理念だ。

イエスの意見としては、これらの理念が、たとえば民主主義社会においてどんな意義をもっているかなどを論じると説得力がある。

それに対し、ノーの意見としては、まず「一般市民が裁判に参加する」という裁判員制度の理念そのものの問題点を考えるといい。たとえば、「裁判は多くの人間の運命を左右するもの。それを法律の素人にまかせると、かえって国民の裁判への信頼性を損なう」「市民は被害者やマスメディアの声に流されやすい。そのため、被告に不利な判決が増え、不公平になる恐れがある」「市民は法律のプロではないので、裁判官や検事の誘導によって裁判が進められがちになる。それでは、市民が参加する意味がない」などだ。

また、裁判員になることで一般の人々に与える影響について論じることもできる。たとえば、裁判のために数日間拘束されると、その間仕事ができないので、経済的・社会的な不利益を被る恐れがある。また、重大事件の被告の運命を左右する裁判に参加させるのは、一般の人にとっては心理的な負担が大きすぎるという面もある。

ただし法学部志望なら、やはり法や人権などの問題として捉えるのが正攻法だろう。その意味では、「裁判員の職務を強制するのは、基本的人権に反する」という論じ方も可能だ。「メリットとデメリットの両方を踏まえたうえで」とあるが、たとえば賛成の立場で書く場合は、「意見提示」の「確かに〜」の部分で裁判員制度のデメリットを書き、「展開」の部分でメリットを書くようにすれば、うまくまとまるだろう。

解答例 1

【賛成】裁判に市民感覚を反映させるべき

2009年度から導入された裁判員制度は、現在でも賛否両論があり、否定的な意見も根強い。裁判員制度をこのまま続けるべきだろうか。

確かに、法律のプロではない市民が裁判員になっても、どれほど積極的に裁判に参加できるかは疑わしい面がある。実際には、裁判官が審議を誘導し、自分の考え方を押しつける可能性もあるだろう。それでは、市民が参加する意味がないことになってしまう。しかし、たとえそうした恐れがあるとしても、裁判員制度を導入する意義は大きい。

従来の裁判は、しばしば市民感覚の欠如を指摘されてきた。市民の常識とかけ離れた判決内容が批判を浴びたケースも、しばしばある。そして、そのことが、司法への国民の信頼を損なってきたと言えるだろう。それを改めるために、市民が裁判員になって、裁判に参加することで、市民感覚を判決内容に反映させることができる。それによって、裁判が健全化すれば、司法への国民の信頼も深まるはずだ。さらに、裁判員制度によって、一般の国民も裁判を自分の問題として考えるようになれば、人権の問題をもっと身近に考えるようになるだろう。そうすれば、より成熟した民主主義社会になるはずだ。

以上の理由により、私は、裁判員制度をこのまま続けるべきだと考える。

解答例 2

【反対】裁判のスピードアップは危険

2009年度に導入された裁判員制度は、導入以前からさまざまな議論の的になってきた。はたして、裁判員制度の導入は正しかったのだろうか。

確かに、「司法を市民に身近なものにする」という裁判員制度の理念そのものは否定しにくい。これまで日本では、司法の役割への理解が乏しく、何かトラブルが起こっても裁判で解決するという習慣があまりなかった。裁判員制度によって、そうした点が改善されるかもしれない。しかし、私は、裁判員制度を導入するデメリットのほうが大きいと思う。

裁判は、加害者も被害者も含め、多くの人間の運命を左右するものだ。だからこそ、専門的な訓練を受けた法律のプロが時間をかけて審議をし、過去の判例にも照らして、慎重な上にも慎重に判断を下す。そのくらいやって、はじめて国民の信頼が得られるのである。しかし、裁判員制度では、一般の市民である裁判員の負担を軽くするために、裁判がスピードアップされる。そうなると、本来必要な審議の一部が省略されたり、裁判官が裁判員の判断を誘導するようなこともあるだろう。その結果、適切ではない判決が下される恐れもある。そうなると、国民は裁判員による判断に不信を抱くようになり、かえって国民の裁判への信頼を損ねることになりかねないのである。

以上のように、私は、裁判員制度の導入は間違いだったと考えている。

理解のポイント

裁判員制度

裁判員制度が、陪審制や参審制と違う点は？

ここが使える

裁判員制度とは、簡単にいえば、一般の市民が裁判に参加する制度だ。

具体的には、有権者の中から事件ごとに抽選で選ばれた人たちが、裁判官と一緒に特定の刑事裁判の審議に参加する。そして、被告が有罪か無罪か、有罪だとすればどのくらいの刑が妥当か（量刑）を判断するわけだ。

ここが使える

裁判員制度と同じような制度として、**アメリカやイギリスで行われている「陪審制」**と、**ヨーロッパ諸国で広く行われている「参審制」**がある。

ここが使える

いずれも民間から選ばれた陪審員（参審員）が裁判に参加する点では同じだが、**陪審制では、①専門の裁判官を交えずに民間の陪審員だけで有罪か無罪かを判断する（量刑の判断は裁判官が行う）、②刑事事件だけでなく民事事件にも関わる**、という点が違っている。

ここが使える

また、**参審制では、民間の参審員が裁判官と一緒に審理する点では同じだが、参審員は**

事件ごとに選ばれるのではなく、任期制になっている場合が多い。

このように、欧米で行われている同じような制度との違いを、把握しておくことも大切だ。

裁判員制度はなぜ導入されたのか、どんなメリットがあるのか

早くから陪審制や参審制が定着していた欧米と違い、日本では、長いあいだ、裁判が司法の専門家にまかされてきた。

そのため、法廷では、専門家にしかわからない用語や論理がまかり通り、一般の市民にはどうでもいいような細かなやりとりが、裁判をいたずらに長引かせた。また、前例を重視するために、凶悪犯罪なのに意外に軽い判決になるなど、市民感覚では納得のしにくい判決が下されることも少なくなかった。

ここが使える

従来の裁判の最も大きな問題点は、一般の市民が、裁判や司法を自分たちの普段の生活とは縁遠いものだと感じてしまっていたことだろう。「自分も法の主体であり、人権は自分で守るもの」という自覚が日本人の多くに乏しいのも、そのためだと言える。

司法制度改革の一環として、裁判員制度が導入されたのは、そうした従来の裁判のあり方を改善するためだ。

ここが使える

裁判員制度導入の目的は、一言でいえば、裁判や司法を市民に開か

れたものにする、ということだ。

一般の市民が裁判に参加して、市民感覚が裁判に反映されるようになれば、多くの国民の納得しやすい常識的な判決が下されるようになるかもしれない。専門家にしか意味のないやりとりが省かれれば、裁判のスピードアップも期待できるだろう。

また、一般人が裁判に参加することで、「実際に裁判がどのように行われているのか」「自分たちの生活や社会が法によってどのように守られているのか」などを実感でき、裁判や司法が国民にとって身近なものになる。

ここが使える

さらに、**国民が立法や行政だけでなく、司法にも参加するようになれば、法や人権について自分の問題として考え、主権者としての自覚がいっそう高まることが期待される。**裁判を通じて社会の問題を考えるようになれば、従来の日本人に欠けていると言われてきた公共精神が養われるようにもなるだろう。

裁判員制度の問題点を整理すると

もちろん、裁判員制度の問題点を指摘する声も多い。

ここが使える

まず、**法律の専門家ではない一般の市民が参加することで、裁判の質が低下するのでは**

ないか、という懸念がある。市民といっても、いろいろな人がいる。場合によっては、偏った価値観の持ち主や非常識な人、不真面目な人が選ばれることもあるだろう。

そうした人の考え方が裁判に反映されないという保証はない。実際にそうならなくても、「そうなるかもしれない」と思われるだけで、裁判に対する信頼性が低くなる。

ここが使える

また、**一般の人は、専門的な訓練を受けた法律家と違って、感情的な判断に陥る可能性もある。**重大事件だと、マスコミのセンセーショナルな報道に惑わされて、公正な判断ができなくなるかもしれない。

ここが使える

さらに、**一般の人々は被害者のほうに肩入れしやすいので、従来よりも重い判決が増える恐れがある、**とも言われてきた。実際、従来の裁判では、過去の判例に照らして慣例的に量刑が決められてきたが、裁判員制度が始まって、そうした慣例が通用しなくなってきた。殺人や性犯罪では、刑が重くなる傾向も実際に見られている。

ここが使える

また、**日本には死刑制度があるために、死刑判決を下さなくてはいけない場合もあり、それが裁判員に大きな心理的負担を与える恐れもある。**

これらは、一般の人々が裁判に参加することによる問題点だが、別の面からも問題点が考えられる。

陪審制と違って、裁判員制度は裁判官と一緒に審議をする。そのため、専門知識をもつ裁判官が事実上審議を仕切ってしまうかもしれない。

ここが使える

知識のない民間の裁判員が、裁判官に論理的に反論するのは難しいだろう。そうなると、「裁判に市民感覚を反映させる」という制度の目的そのものが無意味になってしまう。

制度的な問題もある。

ここが使える

裁判員に選ばれると、原則としてはそれを拒否できない。**仕事をもっている社会人は、裁判の期間中は仕事ができないので、経済的・社会的な不利益を被る恐れがある。**

また、関係者のプライバシーを守るため、裁判員には厳しい守秘義務が課せられている。しかし、すでに裁判員のひとりが判決後の会見で評議内容の一部を漏らしたケースもあり、

ここが使える

一般の人々にどこまで厳格に守秘義務を守らせられるのか、疑問の声もある。

もちろん、**こうした問題点の多くは、裁判員制度が日本の社会に定着し、多くの市民が健全な法感覚・人権感覚を身につけられるようになれば、自然に解消する可能性もある。**

ここが使える

その意味で、**裁判員制度の意義については、長い目で見ていく必要がある**と言えそうだ。

8
市民と公共性

日本はしばしば「市民社会として未成熟」と言われてきたが、近年、市民の公共的な役割に改めて注目が集まっている。そうした社会的背景について理解しておくと同時に、そもそも「市民」とは何か、公共性とは何かについても、しっかりと整理しておくことが必要だろう。

課題

従来、日本では、「公のことは政府や自治体にまかせておくべきだ」という考え方が主流でした。しかし、近年、公共性の担い手としての市民の役割が改めて注目され、これまで行政機関が担ってきた役割を、市民団体などがもっと積極的に果たすべきだという考え方が提唱されています。それについてあなたはどう考えますか。600字以内で論じなさい。

課題の解説

「公共（性）」というのは、英語の「パブリック」に当たる言葉で、社会全体に関わる事柄や性質を指す。

昔から、日本人は、「公共のことは国や自治体にまかせておけばなんとかなる」という考えが強かった。

経済が右肩上がりの時代はそれでもよかったが、低成長の時代になり、国が必ずしもすべての面倒を見てくれるわけではないことが明らかになるにつれて、日本人の意識も少しずつ変わってきた。そこで、市民がもっと積極的に公共的な役割を担うべきだとする考え方（新しい公共）が、提唱されるようになったわけだ。

イエス・ノー、どちらの立場で書くにせよ、いまそうした考え方が求められている社会的背景を踏まえて論じる必要がある。

イエスの場合は、グローバル化が進んで、国家の役割が小さくなるにつれ、市民が新しい公共の担い手として期待されている状況をしっかりと示すだけでも十分説得力がある。また、「市民」とはそもそも何か、という方向で考えることもできる。

民主主義における市民というのは、簡単にいえば、自分が社会を構成する一員であることを自覚している者のことだろう。その点を踏まえて、市民が公共性の担い手となることこそが、本来の民主主義のあり方であることを論じるのもいいはずだ。

ノーで書く場合は、こうした考え方が、じつは「小さな政府」の考え方と裏表の関係にあることに注目すればいい。つまり、福祉などの公共サービスにおける政府の役割を小さくして、代わりにできるだけ民間にまかせようという考え方だ。

これだと、たとえば人口の少ない地域では公共サービスが行き届かないなどの問題が出てくる。また、市民のあいだで利害の対立が起こったり、誰も責任をとらないといった事態が起きる可能性もある。

そのように、どんな問題が起こるのかを具体的に示すと、説得力が出るだろう。

解答例 1

【賛成】市民としての役割を果たすべき

日本では、「公共のことは役人の仕事」という意識が強かった。それに対し、市民がもっと積極的に公共的な役割を果たすべきだ、という考え方が出てきている。はたして、その考え方は正しいだろうか。

確かに、市民が公共的な役割を担うとしても、限界はある。市民のあいだで利害が対立したり、また市民と行政とのあいだで考え方がかみ合わないなど、協力関係がうまくいかないことも多いだろう。そうなると、かえって公共サービスの質が低下する恐れもある。

しかし、それでも、公共のことで市民が果たすべき役割は大きい。

民主主義社会における市民というのは、そもそも、社会を構成する一員としての自覚をもっている者のことだ。民主主義は国民主権が原則だが、その場合、国民が主権を行使するためには、自分の利害だけでなく、社会全体の利益を考える必要がある。公共のことを政府や自治体にまかせるだけでなく、自分自身が主体的に関わっていくことが求められているのだ。民主主義を支えているのは、そのように、公共性の担い手としての市民にほかならない。その意味では、市民がもっと公共的な役割を果たすことで、日本も成熟した民主社会になれるはずだ。

したがって、私は、日本でも市民がもっと公共的な役割を果たすべきだと考える。

解答例 2

【反対】公平なサービスが不可能に

日本では、従来、市民は公共性の役割をあまり担ってこなかったが、それを改めるべきだという意見がある。はたして、その意見は正しいのだろうか。

確かに、経済が停滞し、かつてのように「国がすべてをやってくれる」という幻想がもてる時代ではなくなっている。市民がもっと積極的に公共のことに関わらないと、福祉や教育などの公共サービスの質が低下する一方かもしれない。しかし、市民にできることには限界もあるはずで、もっと慎重に考えることが必要だろう。

市民ももっと公共的な役割を担うべきという考えは、公共サービスにおける政府の役割を小さくして、できるだけ民間にまかせようという「小さな政府」の考え方と裏表の関係にある。しかし、それだと、たとえば人口の少ない地域では公共サービスが行き届かないなどの問題が起こる可能性がある。市民のあいだで利害の対立が生じることもあるだろう。このように、市民が主体となると、公平で偏りのないサービスが実現できなくなる恐れもある。いずれにせよ、基本的な行政サービスについては、結局は行政機関が責任をもって決めなければならないわけで、そうなると、どうしても市民の役割は限られてくるはずだ。

以上のように、私は、公共性の担い手としての市民に、必ずしも多くを期待すべきではないと考える。

市民と公共性

理解のポイント

公共性は国家のもの？

近年、日本では、公共性の概念が改めて注目されている。

ここが使える

もともと日本人は、公共性の意識が乏しいと言われてきた。公のことは、政府や自治体などのお上にまかせて、「自分たちには関係のないことだ」と考えている人が多かった。

その一方で、個人主義化が進んで、「私生活を楽しめればそれでよく、社会のことはどうでもいい」という考え方も、戦後になって急速に広まった。

ここが使える

そのため、**社会に関わることは政府や自治体（政治家や官僚、公務員）が責任をもって実現すべきであり、一般の市民はそれを黙って受け入れ、不満があれば注文をつければいい、**という考えがマスコミも含めていまだに根強い。

「新しい公共」が登場した背景

しかし、このような考え方に対して、**近年、一般の市民ももっと公共的な役割を担うべきだ、と考えられるようになってきた。これが「新しい公共」と呼ばれる考え方**だ。

こうした考え方が登場した背景には、いくつかの要因がある。

まず、**人々の価値観が多様化し、政府による一元的な公共サービスでは、市民のニーズに対応し切れなくなってきた**。多様化したニーズに応えるためには、市民自身が行政と協力しながら公共サービスの担い手となれるような仕組みをつくる必要がある。

また、**経済が停滞し、政府や自治体だけでは十分な公共サービスを提供できなくなった**。市民が公共的な役割を引き受け、政府の活動を補うことで、政府の役割を減らし、公共サービスのコストダウンや効率化をはかることができる。

具体的には、ボランティアや町内会、NPOやNGOなどの市民団体を中心に、市民が協力し合って公共的な活動に参加する。それに行政組織や民間企業も加わって、互いに役割分担をすることで、公共サービスを充実させ、さまざまな社会の問題を解決していこうというわけだ。とくに、福祉や教育の分野では、近年、NPOやNGOの活動が重要な役割を果たすようになってきている。

また、企業は本来、経済的利益を追求するもので、公共的なものとは考えられてこなかった。しかし、**現代は企業社会になって、企業の活動が個人の生活や社会全体に大きな影響を与えているため、企業の社会的責任が厳しく問われるようになっている。**

このように、経済などのように、従来は私的な活動とされてきた領域においても、公共性が求められるようになってきている。

市民と国民

「市民」という言葉はさまざまな意味で使われるが、本来は、こうした公共性を担う民主主義の主体のことを指している。

いまの日本では、「善良な市民」「市民感覚」などの表現が示すように、エリートではない一般庶民といった程度の意味で使われたり、左翼的な市民運動などと結びつけて、「国家」と対立する概念として捉えられることも多い。

しかし、**本来、「市民」というのは、社会を構成する一員として政治参加をし、主権を行使する自立的な個人のこと**だ。もっと噛み砕いていえば、**「自分は社会をつくっている**

一員である」という自覚をもつ者が「市民」と言っていいだろう。

民主主義においては、社会より個人の権利が尊重されるが、その一方で、社会を構成しているのは自立的な個人である。したがって、**個人が各人の権利を行使するためには、社会に対して責任をもち、公共的な役割を担うことが求められる**わけだ。**「市民」という概念は、そうした「個人」の公共的な側面を指している**と考えることもできる。

ここが使える

欧米では、近代国家になるにあたって、民衆が革命の担い手となって、自らの手で社会を変革し、市民としての権利を勝ち取ってきた。

それに対し、日本では、近代化・民主化はあくまで政府による「上からの革命」によって進められ、民衆が市民としての自覚をもつ必要がなかった。

これまで、日本人が公共的な意識をあまりもたずにきたのは、そうした歴史的な要因も大きいだろう。

ハンナ・アーレントの公共性論

公共性の問題を考えるときにしばしば参照されるのが、アメリカの政治哲学者ハンナ・アーレントの考え方だ。アーレントは、ナチズムなどの全体主義の分析を通じて、現代人は古代ギリシャ的な公共性を取り戻すべきだと主張した。

古代ギリシャにおいては、多種多様な「市民」が、家庭という私的領域とはっきり区別された公共空間において、対話と説得を通じて政治的合意をつくり上げようとした。

公共空間というのは、ギリシャ人にとってはたんなる社会活動の場ではなく、お互いの人格に働きかけながら、自分のアイデンティティを明らかにしていくための場でもある。

公共性とは、そのように自立した市民がお互いの違いを尊重しながらコミュニケーションすることで成り立つものだとアーレントは考えたのだ。

あくまでも自己と他者の違いを意識しながら、辛抱強く意見交換をし、決してわかりやすい解決を求めようとしないことがなぜ重要かといえば、**多様性を抑圧し、画一的でわかりやすい解決を選ぶことは、全体主義につながる**ものだからだ。

つまり、**アーレントは、公共性を何よりも他者とのコミュニケーションの問題として捉えた**わけだ。こうした考え方は、ハーバーマスなどの「市民による活発なコミュニケーションが新しい公共性を可能にする」という議論にもつながっている。

アーレントの考え方には批判も少なくないが、現代の公共性を考えるうえで、ひとつの基準になっていることは間違いない。

9 知識人の役割

「知識人」というのはしばしば聞くわりに、よく理解されていない言葉だ。しかし、知識人の役割というのは、社会科学系の入試小論文で時々見かける重要なテーマでもある。

知識人とは何か、知識人を生み出した歴史的背景とは何か、といったことを、しっかりと理解しておこう。

課題

かつて、明治時代の福沢諭吉のように、知識人は公共的な議論をリードし、社会の中で指導的な役割を果たしていました。ところが、マスメディアの発達した現代においては、知識人の役割も大きく変質してきていると言われています。現代における知識人の存在意義について、あなたはどう考えますか。600字以内で論じなさい。

課題の解説

問題提起は、「現代においても、知識人に存在意義はあるのか」などでいいだろう。

かつての知識人は、社会に対してあくまで公共的な立場から発言し、大衆に新しい価値観を提示する存在だった。つまり、知識人は社会をリードする側、それに対して大衆はあくまでリードされる側、という位置づけだった。

その前提として、知識人が高等教育を受け、一般の大衆には望めない知識と教養を備えているということがあった。だからこそ、知識人は大衆に対して、優位に立つことができたわけだ。

ところが、高等教育を受ける人が増え、またマスメディアが発達したために、大衆の多くも、ある程度の知識や情報が得られるようになった。そうなると、大衆を啓蒙するという知識人の存在意義は、以前と比べて弱くなっている側面がある。

そうした社会の変化を踏まえて、現代においても知識人に存在意義があるかどうか、あるとすればそれはどのようなものかを考える必要があるだろう。

ノーの立場で書くなら、そうした社会の変化を踏まえて、知識人の存在意義を支えてきた大衆への優位性がなくなってしまったことを論じるといい。

また、マスメディアの役割に注目することもできる。現代では、知識人の代わりにマスメディアが世論をリードしているため、知識人の役割が失われ、たんなる「タレント文化人」に成り下がってしまったとも言える。そうした状況を具体的に説明するといいだろう。

イエスの立場で書くなら、情報社会にふさわしい知識人の新しい役割を示すことだ。

たとえば、「大衆がマスメディアを通して多くの情報に接している現代だからこそ、価値のある情報を判別する信頼できる基準を提示する存在として、知識人の役割が求められている」などという論じ方ができるだろう。

解答例 1

【賛成】知識人には情報を選別する役割を

情報化が進み、知識人はかつてのような存在意義をもてなくなっているとも言われている。はたして、現代においても、知識人に存在意義はあるのだろうか。

確かに、知識人は、かつてのような大衆への優位性を失っているように見える。マスメディアが発達し、知識や情報が簡単に手に入るようになった現在、大衆を啓蒙して社会をリードするというかつての知識人の役割は、意味を失ったと言えるのかもしれない。しかし、私は、現代には現代にふさわしい知識人の役割があると思う。

情報社会では、誰もが簡単に大量の情報を手に入れることができる。しかし、マスメディアの多くは、細分化された情報を脈絡なく提供することしかできない。また、受け手である一般の人々も、自分の利害や関心の範囲でしか情報を探そうとしない。いくら情報量が多くても、そういった断片的な情報を結びつけて意味のある知識にしない限り、さまざまな問題について的確に判断する役には立たないだろう。現代の知識人には、日常の利害や専門性にとらわれず、広い視野と公共的な立場から、情報を選別し、それに一定の文脈を与える役割が期待されている。情報化の進む現代だからこそ、そうした新しい役割を担う存在が求められているのである。

したがって、私は、情報化の進んだ現代こそ、知識人に存在意義があると考える。

解答例 2

【反対】知識人の優位性は失われた

マスメディアの発達した現代においては、知識人と大衆の関係も変わってきたと言われている。はたして、現代においても、知識人の存在意義はあるのだろうか。

確かに、近代社会において、知識人の存在が果たした役割は大きい。かつての日本でも、知識人が社会に問題提起をし、大衆がそれに応えることで、民主化が進められてきた面がある。現在でも、民主化途上の国においては、知識人の存在感は大きいだろう。しかし、たとえば日本のような先進国においては、もはや知識人の役割は薄れてしまっている。

知識人が大衆をリードする存在でいられたのは、知識と情報を独占することで、大衆に対して優位を保つことができていたからだ。しかし、現代では、情報化が進み、一般の人々もマスメディアを通じて大量の知識や情報を得ることができるようになった。また、インターネットを通して自分の意見を発信し、公共的な議論に参加できるようになった。そうなると、かつてのような、大衆に対する知識人の優位性がなくなってしまう。一般の人々も、知識人の発言だからといって特別な価値を置くことはなくなり、対等な立場から、内容次第で評価したり批判したりするようになってきている。この流れは、情報化が進む限り、ひっくり返ることはないだろう。

このように、私は、現代では知識人の存在意義は、もはやなくなっていると考える。

知識人の役割

理解のポイント

「知識人」とはどんな人か?

「知識人」という言葉は、さまざまな意味で使われている。

まず、学校の先生や評論家など、知識を商品化することで生計を立てている人たちだ。また、官僚や、政府の諮問機関に属しているようなタイプの大学教授、企業人、技術者などのように、専門的な知識や技能によって体制を支え、国の舵取りに関わるような人たちもそうだ。東京大学の法学部から官庁に進むような人たちが、その典型だろう。「知的エリート」と呼ばれるのもこの人たちだ。

一方、知識人論などで論じられる意味での「知識人」というのは、豊かな学識と広い視野をもち、社会的な、時には政治的な問題にも積極的に関わって、大衆にも一定の影響力をもつ人たちのことを指している。

ここが使える

現代では、社会の問題を専門家の立場から解説したり、政府の立場を代弁したりするだ

けでは、「知識人」とは呼ばれない。むしろ、本来の専門的な立場を超え、あくまでも市民としての立場から発言し、社会の方向性や新しい価値観などを提示することが、知識人の役割として期待されているはずだ。

ここが使える

「知識人」登場のきっかけになった「ドレフュス事件」

以上のような意味での「知識人」が登場したのは19世紀半ば以降だと言われている。

そうした知識人の存在が大きくクローズアップされたのが、19世紀末のフランスで起こった「ドレフュス事件」と呼ばれる出来事だ。

当時、陸軍大尉だったユダヤ人、ドレフュスが、証拠もないのにスパイ容疑で告発され、軍の威信を守るために有罪にされた。

それに対して、作家ゾラをはじめとする当時の高名な文学者や学者のグループが抗議をし、「ドレフュス派」と「反ドレフュス派」に分かれて世論を二分する大論争となった。

やがて、問題はドレフュス個人ではなく、自由と民主主義を守るかどうかという思想的・政治的な闘争へと移っていった。

その際、ドレフュスを擁護した文学者や学者のグループが「知識人（intellectuel）」という新語で呼ばれたのが、この用語の広まるきっかけとなったと言われている。

「知識人vs.大衆」の構図はもはや成り立たない？

「知識人」と対比される概念として、しばしば取り上げられるのが「大衆」だ。

「大衆」というのは、文字どおりには「社会の中の大多数の人々」のことだが、社会学的には、不特定多数で匿名的な、とりかえのきく個人のことを指す。

重要なのは、「大衆」が近代の民主主義においてはじめて成立する存在であることだ。

身分制がなくなり、誰もが平等な個人として扱われるようになったが、そのためにかえって、他人とはっきり区別できる特性を失い、誰もがとりかえのきく存在になった。

こうした「大衆」は、自分の利害に関係のないことには無関心で、はっきりした意見をもたず、しばしば世論に流されて集団的に行動するようになる。

近代の知識人は、そういった大衆を啓蒙し、民主主義にもとづく理念や価値観を提示して、一定の方向に導く役割を担っていた。そのため、逆に大衆が知識人の理想と違った行動をとる場合は、知識人が大衆を「愚民」として批判し、対立的な立場をとるということもしばしば起きた。

ここが使える

しかし、裏を返せば、**「知識人だけが知識や情報を独占し、守るべき価値を知っている」という前提があったからこそ、知識人の存在や啓蒙活動が可能だった**とも言える。

ところが、現代では、情報化が進み、誰もが簡単に知識や情報にアクセスできるようになった。高等教育を受ける人が増え、価値観も多様化してきたために、知識人の優位性や特権性が揺らいできている。

ここが使える

つまり、**「知識人」と「大衆」という対比の構図が、必ずしも成り立たなくなってきている**のだ。そうした状況があるからこそ、現代における知識人の役割とは何かが、改めて問い直されているのである。

近代日本における知識人

知識人が近代的・民主的な価値観を守る役割を担っていたのは、日本でも同じだった。ただし、そうした近代的・民主的な価値観は、西洋から輸入したもので、日本人が自分たちで獲得したものではなかった。

ここが使える

そのため、**日本の知識人には、西洋の新しい知識や概念をできるだけ早く日本に紹介し、日本化して解説するという役割が期待されていた**。逆に、そういった傾向の反動で、日本的なものの回復を主張するタイプの知識人も少なくなかった。
こうした性格は、いまでも形を変えて、多くの日本の知識人に見られるものだ。
明治・大正期の知識人は、自由民権運動から「大正デモクラシー」まで、政府と対立しながら民主化の運動を推し進め、一定の成果を上げた。
ところが、マルクス主義が知識人に大きな影響を与えるようになったころから、政府の弾圧が激しくなり、昭和前期から戦時中にかけては、国家による統制が強まって、知識人の中には、国家の価値観の代弁者としてふるまう人も少なくなかった。

ここが使える

その反動もあって、**戦後になると、左翼やリベラルの立場から反政府的な発言をし、時には市民運動などに積極的に参加する、「進歩的知識人」と呼ばれるタイプの知識人が人気を得た**。彼らは、1960年の安保闘争を主導し、1970年代までは大学生を中心に一定の影響力をもっていた。

ここが使える

しかし、**1980年代から90年代にかけて、旧ソ連を中心とする共産主義体制が崩壊したことで、「進歩的知識人」は思想的なよりどころを失った**。

ここが使える

それ以降は、国家主義や日本的価値観を主張する保守的な傾向の知識人のほうが一般的な支持を得るようになっているのを見ても、**知識人のあり方も多様化してきている**と言える。

10

選挙制度

日本では、現在の「小選挙区制」を見直そうという動きがある。「小選挙区制」だと、二大政党が有利になるためだ。

どのような選挙制度を採用するかで、その国の政治のあり方も変わってくる。日本の民主主義にとって、どのような選挙制度が望ましいのか、ぜひ考えを整理しておいてほしい。

課題

現在、日本の衆議院の選挙は、「小選挙区比例代表併用制」を採用しています。この方式は、1994年に導入され、1996年の衆院選から実施されています。では、現在の選挙制度に問題はないのか。あなたの意見を600字以内で述べなさい。

課題の解説

「小選挙区制」とは、全国の選挙区を小さく分け、ひとつの選挙区からひとりの国会議員を投票で選ぶ方式である。一方、「比例代表制」とは、有権者が支持する政党に投票し、その獲得票数に応じて、各政党に議員数を割り振る方式のことだ。

いまの日本の衆議院選挙では、この2つの方式を併用している。

「小選挙区制」だけだと、大きな政党が有利になり、小さな政党は議席がとれなくなるため、「比例代表制」を組み合わせ、少数派の意見も国会に反映されるようにしているのだ。

しかし、いま問題となっているのは、この「小選挙区制」を導入したのが本当によかったのか、ということである。

「小選挙区制」は二大政党制のアメリカやイギリスなどが採用しているもので、二大政党制に適しており、選挙の争点が明確になるため、政権交代が起きやすくなる。

「小選挙区制」では、各政党の立候補者たちは、自らの属する政党の掲げた政策を選挙で訴え、それによって誰に投票するのかを有権者に選択してもらおうとする。また、有権者も、どの政策がいいのかを判断して投票する。そのため当選した議員は、政策の実現に大きな責任を負う。もし政策が実現できなければ、次の選挙では落選してしまうからだ。

このように、「小選挙区制」がうまく機能すれば、有権者の意思が国の政治にきちんと反映されるようになると考えられる。「小選挙区制」にはそういうメリットがある。

その一方で、「小選挙区制」には、制度上の欠陥もある。「小選挙区制」だと、いわゆる「死票」が多くなり、少数派の意見が切り捨てられる危険性が高くなる。つまり、選挙で落選した候補者に投票した人たちの意思が、国の政治に反映されにくくなってしまうのだ。

こうした「小選挙区制」のメリット・デメリットを踏まえたうえで、「小選挙区制」の是非を論じるといいだろう。

なお、「小選挙区制」に反対する場合は、その代案、つまり、それに代わる選挙制度も提示する必要がある。以前の「中選挙区制」に戻すのもひとつの案だろうし、いっそのこと「比例代表制」のみにしてしまうという案も考えられなくはない。

解答例 1

【賛成】「小選挙区制」による政権交代のメリットを重視

現在、日本の選挙制度は、「小選挙区比例代表併用制」となっている。では、今後も、この選挙制度のままでよいのだろうか。

確かに、現在の選挙制度には問題もある。「小選挙区制」では二大政党が有利になるため、それ以外の小さな政党は、衆院の議席を確保するのが難しくなる。現に、民主党と自民党以外の政党は、影が薄くなっている。そのため、国民の中の少数意見が政治に反映されにくくなっている面も否めない。しかし、それでも、現在の選挙制度を改めるべきではない。

「小選挙区制」を導入したのは、政権交代が起きやすくするためだ。以前の「中選挙区制」では、政権交代が起きにくく、与党の自民党に長期政権を許してしまった。同じ党が政権を長期間担当していると、どうしても与党の政治家と官僚と民間企業が癒着してしまう。実際、自民党政権が長く続いた結果、官僚の民間企業への天下りが横行することになった。また、民間企業が与党の政治家を介して官僚に便宜をはかってもらい、見返りに賄賂を渡すという事件もあった。そうした政官民の癒着を断ち切り、政治腐敗を防ぐためにも、政権交代が起きやすくする必要がある。「小選挙区制」をやめて「中選挙区制」に戻したら、また政権交代の起きにくい政治に逆戻りしてしまうだろう。

したがって、いまの選挙制度を変える必要はないと私は考える。

解答例 2

【反対】「中選挙区制」に戻し、投票の選択肢を増やすべき

現在、日本は「小選挙区制」と「比例代表制」を組み合わせた選挙制度を採用している。では、この選挙制度はうまく機能していると言えるのだろうか。

確かに、2009年の衆院選で政権交代が起こったのは、「小選挙区制」を導入したことの結果だと言えるかもしれない。以前の「中選挙区制」では、政権交代が起こりにくかったため、賞味期限切れの自民党政権を必要以上に長引かせてしまった。しかし、だからといって、「小選挙区制」が必ずしもよいわけではない。

「小選挙区制」では、いまの二大政党である民主党と自民党が有利になってしまう。ひとつの選挙区でひとりしか当選できないため、有権者は民主党と自民党のどちらかの候補者に票を入れざるを得なくなる。それ以外の小さな政党の候補者に一票を入れたとしても、当選する可能性が低く、自分の一票を無駄に使うことになるからだ。第三の政党が出てきても、国民の支持をよほど集めない限り、議席を多数獲得するのは難しいだろう。このように二者択一を迫る選挙制度では、国民の多様なニーズを政治に反映させにくい。「比例代表制」を組み合わせたところで、二大政党が有利なことに変わりはない。国民の多様なニーズを政治に反映させるには、「中選挙区制」に戻し、投票の選択肢を増やす必要がある。

したがって、現在の選挙制度は、うまく機能しているとは言えないと考える。

選挙制度

理解のポイント

戦後の「中選挙区制」のポイントは?

戦後の日本は、1946年の衆院選から1993年の衆院選まで「中選挙区制」で総選挙を行っていた。

ここが使える

「中選挙区制」とは、ひとつの選挙区から3人から5人の議員が選ばれるように選挙区を分ける制度のことである。

「中選挙区制」では約130の選挙区から500人ほどの議員を選んでいたため、衆院で過半数を占めるには、ひとつの選挙区で同じ政党の候補者が2人以上当選する必要があった。

しかし、ひとつの選挙区で、同じ政党から2人以上立候補すると、そのうちのひとりの候補者に票が偏ってしまう恐れがあった。あるいは逆に、票が分散して、その政党からは当選者がひとりも出ない危険性もあった。

ここが使える

そこで、**自民党は、ひとつの選挙区の中で、自党の複数の候補者に票が均等に集まるように、候補者それぞれが異なる分野で、地元に利益を誘導できるようにした。**A候補は農業、B候補は建設業といったように、異なる分野で国から予算をとってきて地元にお金を落とし、同じ党の候補者のあいだで票の奪い合いが起きないようにしたのである。

このように分野ごとに住み分けをした自民党の議員たちは、地元に利益を誘導するために、中央の省庁に働きかけた。建設分野を得意とする議員は国土交通省、農業分野を得意とする議員は農林水産省とのつながりをもっていた。

また、そうした省庁の官僚出身の議員も多くいた。省庁の官僚出身者だと、議員になってからも、出身省庁に顔がきくので、元官僚たちに地元民は投票したのである。

ここが使える

このように**省庁の分野ごとに分かれて政治活動をしている議員のことを「族議員」といい、得意とする分野に応じて「建設族」「道路族」「農林族」「農水族」などと呼ばれていた。**

「小選挙区制」が導入された背景

自民党は「中選挙区制」にうまく対応することで、選挙に勝ちつづけ、長期政権を維持してきた。自民党政権は、高度成長期からバブル経済のあいだまで、中央に集まった富を地方に配分して国全体の発展をはかるという点では成功したが、バブル経済が崩壊して日本の経済が停滞しはじめると、自民党政権への批判が噴出した。

「族議員」は各省庁に大きな影響力をもっていたので、企業は「族議員」に賄賂を渡して、管轄省庁に便宜をはかってくれるよう頼むことがあり、しばしばスキャンダルになった。

ここが使える
そうした日本の政治のあり方を大きく変えるために、「中選挙区制」を改めるべきだという声が強まり、「小選挙区制」が導入されたのである。

「小選挙区制」にすると、ひとつの選挙区でひとりしか当選しないので、有権者の票は「上位2名になるのではないか」と予想される候補者2人に集まるようになる。当選する確率の低い候補者に投票するのは、自分の一票を無駄にするのと同じことになるからだ。

そのため、多くの賢明な有権者は、当選する可能性のある候補者に投票して、自分の一票を活かそうとする。

その結果、政権をとる可能性のある有力な2つの政党のどちらか一方の候補者に投票することになる。よって、

ここが使える
「小選挙区制」にすると、理論上は、二大政党制になっていく。

「小選挙区制」のメリット・デメリット

ここが使える
「小選挙区制」がよいか悪いかは、二大政党制の是非と大きく関わってくる。

二大政党制だと、有権者が2つの政党の政策を比較検討して、選択しやすくなる。

政権をまかされた政党は、国民の期待に応えないと、次の選挙では野党になる恐れがあるので、国民と約束した政策を必死に実現しようとする。一方、野党になったもうひとつの政党も、政権を奪還するために、国民の信頼を取り戻そうと努力する。このようになれば、政治全体が活性化し、国民のためになるだろう。

ここが使える

しかし、**二大政党制には問題もある。2つの政党の政策が大きく違いすぎると、政権交代が起きたとき、かえって社会が混乱する恐れがある。**

たとえば、民主党が政権をとって、自民党政権時代にアメリカと取り決めた普天間基地の辺野古移設を白紙撤回しようとした。しかし、そのせいでアメリカとの関係が悪化した。

ここが使える

政権が交代するごとに、外交政策がころころ変わっていたのでは、外国から信用されなくなる。政権が交代しても、とくに外交政策はある程度継続していかないといけない。

ここが使える

こうした理由から、**二大政党の基本政策は、だいたい似通っていく傾向にある。**

現に、いまの民主党と自民党には、大きな政策の違いがなくなってきている。これでは、どちらの政党に政権をまかせても、世の中はたいして変わらず、国民が政治から離れていくことになりかねない。政界再編を望む声が高まってくる可能性もある。

その他の選挙制度の可能性――「中選挙区制」に戻す？「比例代表制」だけにする？

「小選挙区制」を見直すとすれば、どのような選択肢があるだろうか。

ここが使える

ひとつは、**「中選挙区制」に戻す**というものだ。

このようにすれば、自民党も民主党も支持しない人たちが、それ以外の政党に投票し、小さな政党が大きく躍進する可能性がある。これによって政界再編が進み、経済の停滞が続く日本を、大きく変えることができるかもしれない。

ここが使える

もうひとつは、**「比例代表制」だけにしてしまう**というものだ。

「比例代表制」では、有権者は立候補者個人ではなく、政党に票を入れるので、議席は政党の得票数ごとに配分され、「死票」が少なくなる。そのため、小さな政党でも、議席が獲得できる。これによって、国民の意思が国会に正確に反映されるようになる。このほうが、「多数派の専制」にならず、より民主的な決定ができるはずだ。

ここが使える

ただし、**「比例代表制」のみでは、国会議員は自分たちの代表という意識が薄れてしまいかねない**。立候補者の人柄や地元への貢献度などが選挙で考慮されなくなり、有権者からすると、よく知らない人が国会で議論していることになりかねないからだ。

11 小さな政府・大きな政府

「小さな政府」か「大きな政府」かというのは、国民の選択の問題である。政府の規模を小さくして、民間にできることは民間にまかせるのか。それとも、政府の規模を大きくして、国が社会福祉を充実させていくのか。どちらの方向を選ぶかで、国民の税負担も変わってくるので、両者の違いをよく理解しておくと、さまざまな問題で応用がきくはずだ。

課題

次の文章を読んで、あなたの考えを600字以内で述べなさい。

日本の財政は、このまま何の手も打たずにいると、デフォルト（破綻）する危険性が高くなってきたようだ。専門家のあいだで議論になっているのは、本当に財政破綻するのかどうかではなく、このままだといつ財政破綻するのかという点に移ってきている。

日本の借金は2011年末で1000兆円を突破し、世界で最悪の財政状況だ。しかし、民主党政権は、税収が45兆円ほどしかないにもかかわらず、2012年度も90兆円ほどの予算を組み、そのうちの半分近くを赤字国債で賄おうとしている。つまり、国の借金をさらに増やしているのだ。

民主党は事業仕分けを行い、歳出の無駄をあぶり出して、子ども手当の財源を捻出すると当初は息巻いていたが、それがたんなるパフォーマンスでしかなかったことは、いまや明白である。国の破産への道を、猛スピードで突っ走っているとしか、もはや見えない。

赤字国債は、主に日本の金融機関（銀行など）が買っている。ということは、日本国民の預貯金で買っていることになる。国民全体の預貯金は1100兆円以上あると言われており、日本の国債残高はいまのところ約900兆円なので、まだ200兆円の余裕がある。だから、これから毎年40兆円の赤字国債を発行しても、単純計算すると、あと5年はもつことになる。この5年を長いと見るか、短いと見るか。

消費税をヨーロッパ諸国並みの20％近くまで上げれば、財政破綻はさしあたり遠のくかもしれない。しかし、国の借金をゼロにするには、よほど景気がよくなり、税収が大幅に増えるという奇跡的なことがない限り、まず不可能だろう。

いずれにしても、今後は消費税率を上げるだけでなく、社会保障費を大胆に削るなどして、歳出を大幅に減らし、赤字国債を極力発行しないようにしていくしかない。さらに、国の役割を減らして、外交、国防、治安維持など、国民の生命と財産を守る以上のことはしない「小さな政府」にするしかないのではないか。

課題の解説

課題文は、国の借金がもはや返済不可能なほど膨らんでしまったので、日本の財政破綻を回避するには、「小さな政府」にするしかないと主張している。

「小さな政府」とは、政府が行っている行政サービスのうち、民間で十分供給できるサービスはすべて民間にまかせて、規模や役割をできるかぎり小さくした政府のことである。政府の使うお金が少なくなるので、税金の負担も軽くなるが、その分、国民には福祉などの面で自己責任が求められる（低福祉低負担）。

こうした「小さな政府」とは逆に、政府の規模と役割を大きくした政府のことを「大きな政府」という。

「大きな政府」では、国民への福祉などのサービスを手厚く行い、市場にも積極的に介入して企業活動に規制を加えたり、公共事業を行って雇用を生み出したりする。しかしその分、税金の負担は重くなる。

北欧諸国などの福祉国家は「大きな政府」で、福祉が充実している分、税金が高い「高福祉高負担」になっている。

こうしたことが、あらかじめ頭に入っていれば、課題文の主張について考えを述べるのは、それほど難しいことではないだろう。ただし、「小さな政府」か「大きな政府」かという単純な二者択一にならないように注意してほしい。

日本の場合、莫大な借金を抱えているので、その利子の返済だけでも、毎年何十兆円もかかっている。それに、急速な高齢化に伴い、年金や医療費などの支出がいまの制度のままだと、どんどん大きくなっていく。そのため、「小さな政府」にするといっても、将来的には消費税を上げていくしかない。

日本の政府は「中福祉中負担」を目指しているようだが、下手をすると、国による福祉サービスは低下するのに、税金は高くなる「低福祉高負担」になってしまうかもしれない。

課題文の主張に賛成する場合には、こうした背景も踏まえたうえで、「小さな政府」を目指す場合には、どのような社会のあり方にしていくべきなのか、それもあわせて示す必要がある。歳出を少なくするために社会保障費を大幅に削るべきだと主張するなら、それでも国民の福祉レベルが低下しないような方策を提案するのが理想的だ。

課題文の主張に反対する場合は、消費税率を大幅に上げてでも、国民の福祉の充実を国が責任をもって行うべきだといったことを述べるといいだろう。社会保障費を削ってでも歳出を減らそうとすると、少子化に拍車がかかり、高齢者の生活レベルが低下してしまうといった批判をするといいはずだ。

解答例 1

【賛成】「小さな政府」を目指すべき

課題文の筆者は、「膨大な借金を抱える日本は、このままだと財政破綻の恐れがある。この最悪の事態を回避するために、政府の役割を外交、国防、治安維持などに限定する『小さな政府』を目指すべきだ」と主張している。では、この主張を支持すべきなのだろうか。

確かに、「小さな政府」には問題もある。「小さな政府」になると、政府は民間にできることは民間にまかせることになる。たとえば、福祉事業も民間が請け負うことになるが、もし採算がとれず、請け負った会社が倒産すれば、国民の一部が十分な福祉サービスを受けられなくなる。しかし、それでも、日本は「小さな政府」を実現していくべきだ。

いままでの日本では、中央政府が大きな権限をもち、地方や民間は政府の意向に従ってきた。しかし、この中央集権体制では、必然的に政府の規模が大きくなり、政府の運営に膨大なお金がかかってしまう。景気がよければそれでもやっていけるが、いまのような不況では、税収が少なく、「大きな政府」を運営していくのは難しい。そのため、政府の規模は小さくし、その代わり、国民自らが自分たちでできることは自分たちで行っていくべきだ。福祉サービスも、行政に頼るのではなく、国民同士のボランティア活動でサービスを提供し合うようにすれば、「小さな政府」になっても国民の幸福度は上がっていくだろう。

以上のことから、私は、筆者の主張を支持すべきだと考える。

解答例 2

【反対】少なくとも当面は「小さな政府」を目指すべきではない

課題文の筆者は、「日本の借金は膨大で、このままだと財政破綻の恐れもある。赤字国債の発行を極力減らして財政破綻を回避するために、政府の役割を外交、国防、治安維持などに限定する『小さな政府』を目指すべきだ」と主張している。では、本当に、日本は「小さな政府」を目指していくべきなのだろうか。

確かに、日本は財政赤字が膨らんでおり、このまま借金を続けていたら、破綻する心配はある。そのため、歳出を減らすために、政府の規模を小さくするというのは、ひとつの方策ではあろう。しかし、現状を考えるなら、「小さな政府」にするのは得策ではない。

2011年に東日本大震災と福島原発事故が起きて以降、中央政府の役割はむしろ大きくなっている。中央政府が東日本の復興の道筋をしっかり示し、予算を適切に配分していかないと、復興が進まないという事態になりかねない。小泉政権時代のように、「民間にできることは民間に、地方にできることは地方に」といって中央政府がその役割を縮小するのは、ある意味、責任放棄である。政府の役割は、国民の生活を守ることである以上、そのための政策を実行し、必要とあれば、それ相応の負担を国民に求めていくべきだ。国民も、自分たちの生活を守るためであれば、消費税率の引き上げに理解を示すはずである。

したがって、日本の現状を考えるなら、「小さな政府」を目指すべきではないと考える。

小さな政府・大きな政府

理解のポイント

「小さな政府」と「大きな政府」の違いをまとめると

ここが使える
「小さな政府」とは、政府や行政が行う事柄をできるだけ少なくし、限られた役割しか担わない政府のことである。

ここが使える
政府の役割を最小限にすると、いわゆる**「夜警国家」**となる。

つまり、国家は、警察や軍隊によって治安維持や国防を行うのみとなり、民間の経済活動には極力介入しない。ただし、こうした「夜警国家」は、実際には存在していない。

ここが使える
一方、**「大きな政府」とは、民間の経済活動に積極的に介入して雇用を生み出したり、年金や医療保険などの社会保障を手厚くして国民の生活を守ろうとする政府のこと**である。

ここが使える
とくに社会保障を充実させようとすると、いわゆる**「福祉国家」**となる。この場合、社会保障が充実する分、税金も高くなるので、「高福祉高負担」の社会になる。

ここが使える

「小さな政府」の根本にあるのは「自由主義」(リベラリズム)

「小さな政府」は、国民の自由な経済活動を重んじ、経済を市場での自由な取引にまかせようとする(自由放任主義)。そのため、政策として、赤字になりがちな国営事業を民営化したり、民間の経済活動に制限を加えているさまざまな規制を撤廃したりする。

その結果、歳出が減り、財政規模が小さくなるので、企業や個人への課税も低くなる。企業や個人はそれだけ自由に経済活動を行い、利潤を追求することができるようになる。

ここが使える

こうした「小さな政府」を望ましいとする考え方の根本にあるのは、いわゆる「自由主義」(リベラリズム)だ。

「近代経済学の父」と言われるアダム・スミスは、市場での自由な競争により、需要と供給のバランスが自ずとはかられるので、モノやサービスが適正な価格で配分され、社会全体の利益が増大すると考えたのだ。

ここが使える

市場原理にまかせるリスク①「公共性の高いサービスはそぐわない」

しかし、市場原理に経済を委ねていると、公共の福祉が損なわれてしまうリスクがある。

ここが使える

市場では、需要の少ない商品やサービスは切り捨てられていくからだ。

需要が少なければ、商品が売れないので、その商品はつくられなくなる。

しかし、**需要が少ない、儲からないという理由で世の中からなくなってしまうと困るモノやサービスがある。その典型が医療サービス**だ。

人口の少ない地域では、患者がそれだけ少ないので、病院を開いても儲からない。そのため、市場にまかせていたら、人口の少ない地域には病院がなくなり、その地域に住む人たちは病気になっても、医師に診てもらえなくなる。そのため、国や自治体が病院をつくり、日本全国どこでも医療サービスが受けられるようにしてきた。

また、医療には多額のお金がかかる。だから、医療サービスの提供を市場に委ねると、診療にかかる費用が高くなり、収入の低い人は医者にかかれなくなる恐れがある。

そのため、多くの国には、医療保険制度があり、医療費の全額もしくは一部を国が負担し、誰でも病院で診療してもらえるようにしている。

ここが使える

医療のように公共性の高いサービスは、市場まかせにするわけにはいかないだろう。

市場原理にまかせるリスク②「弱肉強食の社会になりかねない」

市場原理にまかせるリスクはほかにもある。

ここが使える

経済を市場競争にまかせると、競争に勝った者は豊かになるが、負けた者は貧しくなり、貧富の差が大きくなってしまいかねない。つまり、弱肉強食の社会になりかねないのだ。

確かに、競争に負けたのは本人の責任だから、貧しいのは仕方ないと考えることもできる。

しかし、貧しさのせいで多くの人が犯罪に手を染めるようになると、治安が悪くなり、社会全体としてはかえって不利益になる。そのため、収入がなく生活が困難な人には、国が生活に必要な最低限のお金（生活保護）を与えることになっている。

日本国憲法の第25条1項には、「すべての国民は、健康で文化的な最低限の生活を営む権利を有する」とある。

ここが使える

そのため、**国民が健康で文化的な最低限の生活が送れるように、公共性の高い分野では、国がお金を出して国民が等しくそのサービスを受けられるように保障している**のである。

ここが使える

市場原理にまかせるリスク③「恐慌が起こるリスクもある」

それ以外にも、**経済を市場にまかせていると、景気がよくなったり、悪くなったりする。そして、ときに市場が暴走して、恐慌が起こるリスクもある。**

ここが使える

恐慌が起こると、株価が暴落し、企業がたくさん倒産し、失業者が大量に出てしまう。だから、そうならないように、政府が市場に介入して、市場を安定させようとする。

ここが使える

もし深刻な不況に陥ったり恐慌が起きると、政府は公共事業を行って雇用をつくり出し、市場が健全に働くよう修復しようとする。なお、こうした政策を**「ケインズ主義」**という。

再度、「小さな政府」を目指す動き――「新自由主義」とは?

第二次世界大戦後、イギリスでは、政権を握った労働党が**「ゆりかごから墓場まで」**というスローガンを掲げて、社会福祉の充実を進めた。この政策が、日本やその他の国々の社会福祉政策のモデルとなった。

ここが使える

しかし、**「ゆりかごから墓場まで」路線の政策は、膨大な財政支出を必要としたため、国の財政を圧迫し、経済の停滞を招いた。その結果、各国でもう一度、「小さな政府」へ**

と転換する動きが起きる。そうした動きを**「新自由主義」(ネオリベラリズム)**と呼ぶ。

1979年の総選挙で、マーガレット・サッチャーは「小さな政府」への転換を掲げて、保守党を勝利に導くと首相に就任し、国有企業の民営化や規制緩和などを断行した。こうしたサッチャーの政策方針は、当時、**「サッチャーリズム」**と呼ばれた。

ここが使える

同じころ、アメリカでも、1981年にドナルド・レーガンが大統領に就任すると、「小さな政府」を目指すと宣言して、大幅な減税などを実施した。このレーガンの行った経済政策は**「レーガノミックス」**と呼ばれた。

ここが使える

日本でも、1982年に、中曽根康弘が内閣総理大臣に就任すると、日本国有鉄道(現JR)、日本電信電話公社(現NTT)、日本専売公社(現JT)の3公社を民営化するなど、「小さな政府」路線をとった。

また、2001年に小泉純一郎が首相に就任すると、「聖域なき構造改革」をスローガンに掲げ、「小さな政府」の実現を目指して、郵政公社や日本道路公団などの民営化をはじめ、歳出の抑制や規制緩和、法人税減税などを行った。

ここが使える

しかし、**2009年に民主党政権が誕生すると、財政支出が膨らみ、「大きな政府」路線に逆戻りしている観がある**。

12 地方自治・道州制

近年、道州制を導入すべきかどうかが議論されている。地方分権を進める中で出てきた議論だが、いまの都道府県制のままでは、地方がなかなか自立できないからだ。地方分権の必要性や都道府県制の問題点なども踏まえながら、道州制導入が今後の日本のためになるのかどうか、自分の意見をまとめておくといいだろう。

課題

近年、都道府県制を廃止して、道州制を導入すべきだとする議論があります。この道州制の導入について、あなたの考えを６００字以内で述べなさい。

課題の解説

道州制とは、日本を現在の都道府県よりももっと広域な、いくつかの州に分けようというものである。北海道はそのまま残るので、道州制と呼ばれている。

道州制の導入を推進している人がいる一方で、強く反対している人も多く、道州制導入の議論は、まだそれほど前進しているわけではない。

日本をどのように分割するかの案もまだ固まっていないが、おそらくは東北、関東、東海、関西といった地方ごとに、1つか2つの州を形成することになるだろう。

道州制は、地方分権を進めるうえでの、いわば究極の選択だ。

もしもアメリカのように、それぞれの道州に高い独立性と強い権限をもたせることになれば、明治時代から続く日本の中央集権システムを覆す可能性があるからだ。

道州制導入の議論が起こっている理由のひとつとして、これまでの都道府県単位では、行政が非効率になっていることがあげられる。

いまの時代、鉄道や道路が整備されており、人々の生活圏はひとつの県内で行われているとは限らない。ある県に住んでいても、仕事はその隣の県といったことは珍しくないだろう。また、経済圏も広域化している。東京都は隣接する神奈川県、埼玉県、千葉県を巻き込んで、ひとつの経済圏をつくっている。

そのため、これまでのように都や県ごとに施策を行うのではなく、これら1都3県が1つの州になり、同じ施策を広域に行ったほうがより効率がいい、という見方もあるはずだ。

しかし、道州制にはデメリットもある。

都道府県制は明治時代以来ずっと続いているので、都道府県ごとに県民性が生まれ、多くの住民が同郷意識をもっている。また、都道府県ごとに特色のある文化が発達している。

したがって、もし都道府県の区別をなくして道州制にするとなれば、都道府県ごとの歴史や文化を途絶えさせることになりかねない。そのため、多くの反対の声が住民から上がることは十分予想される。

以上のようなことを踏まえながら、道州制導入のメリット・デメリットをさらに掘り下げていくといいだろう。

解答例 1

【賛成】地域経済の活性化を重視

近年、一部の政治家や評論家、学者などから、道州制を導入すべきだという意見が出ている。では、道州制の導入は、今後の日本のためになるのだろうか。

確かに、道州制の導入には、抵抗感のある国民も少なくないだろう。都道府県制が明治時代以来続いているため、それぞれの都道府県の住民には「県民性」があり、また都道府県別の文化も生まれている。道州制を導入して、都道府県をなくしたら、そうした都道府県ごとの文化や特色を否定することになってしまうだろう。しかし、それでも、日本という国を立て直すには、道州制を導入するしかない。

北海道以外の都府県の行政区分は、実際の経済圏と一致しなくなっている。いまは新幹線や高速道路といったインフラが整備されつつあるので、地方の経済活動は、都府県よりも広い地域で行われている。にもかかわらず、昔ながらの都府県のままでは、かえって経済活動の妨げになってしまいかねない。そうならないためにも、道州制を導入し、道州ごとに地域経済の活性化に取り組むべきだ。たとえば九州なら、中国からの観光客を呼び込む場合、県ごとに取り組むよりも、九州でひとつにまとまったほうが効率よく九州の観光地を宣伝することができ、九州全体で観光客を囲い込むことができるはずだ。

したがって、道州制を導入することは、今後の日本のためになると考える。

解答例 2

【反対】都道府県制自体を変える必要はない

日本では、地方分権をもっと推し進めるために、道州制を導入すべきだと主張する人がいる。では、この道州制導入を実現すべきなのだろうか。

確かに、道州制を導入して、それぞれの道州政府に大きな権限と財源を与えることで、地方経済が活性化することはあるかもしれない。国から譲り受けた財源を使って、地方の実状にあったインフラ整備などを行い、地方の独自性を打ち出すことができれば、人とモノと金が集まって、その地方の経済が上向くだろう。しかし、こうしたことには、当然、リスクも伴うのである。

道州制にしてそれぞれの独立性を高めるのはいいが、国に頼らず独自の施策を行ったとしても、必ずしも成功するとは限らない。なかには経済の活性化に成功する州もあるだろうが、そうでない州もあるだろう。これでは、同じ日本の中で、経済がよい州と悪い州が出てきてしまう。しかも、国は、そうした道州間の格差を埋める役割を果たさなくなり、すべては道州ごとの自己責任でやるとなると、財政破綻する道州も出てくるかもしれない。地方分権を進めるにしても、国が危機的な地方自治体を救済できる余地は残しておくべきであり、いまの都道府県制自体を変える必要はない。

したがって、道州制の導入を実現することは、賢明な選択ではないと考える。

地方自治・道州制

理解のポイント

「中央集権」から「地方分権」が大きな流れ

ここが使える

「地方分権」とは、中央政府（国）から地方の州や県などに財源や権限を譲り渡して、地方ごとに自立した政治や行政を行うことができるようにすることだ。

ここが使える

「地方分権」の対義語は「中央集権」で、中央政府が大きな財源と権限をもって国全体の政治や行政を行っていく体制のことを指す。

明治以来、日本は中央集権体制をとってきたが、近年、地方分権が進められている。

2000年には「地方分権一括法」が施行され、国と地方自治体は対等な関係であるとされた。それまでの国と地方自治体は、事実上、主従関係にあったのだ。

この法律の施行に伴って、「機関委任事務」が廃止された。これは、国の業務を地方自治体が代わって行うものだった。その後も、「法定受託事務」という形で、国の業務の一部を地方自治体が請け負っているが、以前に比べると、その割合が減り、地方自治体は自分たちの「自治事務」をより多く行うことができるようになっている。

ここが使える

つまり、**それまでの地方自治体は、いわば国の下請けにすぎなかったのが、2000年の「地方分権一括法」を契機に、現在、法的には、国の下部組織ではなく、国から独立した行政組織になった**のである。

日本の地方分権の現状は?

その結果、地方自治体は、独自に税を設けることができるようになった。

これは「法定外普通税」や「法定外目的税」と呼ばれるもので、法律で定められている「地方税」以外の税を指す。たとえば、東京都は2002年から「宿泊税」を都内のホテルに宿泊する人たちに課しているが、これが「法定外目的税」だ。

ここが使える

地方分権は、2001年に誕生した小泉純一郎政権が行った「三位一体改革」によって、さらに進められた。

「国庫補助負担金」や「地方交付税交付金」を減らす代わりに、地方自治体に財源の一部を移譲した。簡単にいうと、それまでは国が税金を多く集め、それを地方自治体に補助金として配分してきたが、この改革により、国と地方自治体の税金のとり分の割合を見直して、「地方税」の割合を増やす形で、地方自治体がより多くの税金をとることができるようにしたのだ。

しかし、その後、地方分権は大きく進展しているとは言えない。

どの地方自治体も、東京都を除いては、財政赤字に苦しんでいる。こうした状況では、どうしても国の補助金頼みになる。

ここが使える

地方自治体が自立して独自の施策を行い、地方経済を自分たちの力で活性化させるという、自立した地方自治の理想的な形にはまだほど遠いと言わざるを得ない。

「下からの地方分権」を進めるために──「大きな社会」(ビッグ・ソサイエティ)

ここが使える

地方分権を大幅に進める方策のひとつに、道州制の導入がある。

それぞれの道州に自治権を与えて地方のことは地方にまかせ、中央政府は外交や国防や金融などの国民全体の利益に関わる分野だけを担当するようにする。そうしたほうが、より効率よく国を運営していくことができるだろう。

ただし、中央政府が本腰を入れて動かない限りは、道州制の導入は難しいのが現状だ。

ここが使える

ということは、**地方分権といっても、結局は国が国民に押しつける「上からの地方分**

権」であり、国民が自らの手で実現する「下からの地方分権」にはなっていない、ということだ。

こうした批判を踏まえて、日本が今後参考にすべきは、イギリスのケースだろう。イギリスでは、2010年の総選挙で誕生した保守党と自由民主党の連立政権が、「大きな社会」（ビッグ・ソサイエティ）の構築というものを打ち出している。

ここが使える

「大きな社会」（ビッグ・ソサイエティ）とは一言でまとめると、国が大きな権限をもって国民を統制する社会（大きな政府）ではなく、逆に個人や企業などが主体的に運営する社会のことだ。

したがって、この社会では、国民一人ひとりに地域コミュニティへの積極的な参加が求められる。また、企業にも社会的な責任を果たすことが強く求められる。

日本の中央集権体制の歴史と問題点

日本は長いこと中央集権体制をとってきた。

国が大きな権限をもち、その下に都道府県があり、さらにその下に市区町村（基礎自治体）があるという三層構造による統治が行われてきた。学校教育では、文科省が定めた教育内容を全国一律に教えているが、これは中央集権体制だからこそできることだ。

ここが使える

このように**中央集権体制が強いと、国民は何でもお役所まかせになっていく**。

とくに「大きな政府」の路線をとると、国民は国が何でもやってくれるものと錯覚してしまう。国が社会福祉を充実させ、国民は多額の税金を払う分、国が提供する福祉サービスを受け取り、それで満足する。

ここが使える

しかし、これでは国民自らが社会を運営していることにならないだろう。実際に社会全体をコントロールしているのは、中央政府である。そのため、**中央集権体制では、中央政府の業務を取り仕切っている官僚たちが大きな権限をもつことになる**のだ。

こうした中央集権体制を大きく変えて、国民自身が社会を運営するようになるためには、国民一人ひとりが自分の住む地域コミュニティに積極的に関わり、さまざまな課題に取り組んで解決していくことが必要になってくる。

ここが使える

このように、**国民一人ひとりが、身近なところで社会の運営に関わっていくことが、「下からの地方分権」**なのである。

何でも行政まかせの時代は終わった――NGOやNPO、企業の役割も重要

ここが使える

道州制を導入するかどうかはともかく、**これからの地方自治では、コミュニティの運営に住民が積極的に参加していくだけでは不十分だ。NGOやNPOなどの非営利団体や企業の役割も、同時に重要になってくる**だろう。

ここが使える

何でも行政まかせでは、これからの少子高齢社会を乗り切っていくことはできない。

とくに老人介護や子育てなどの社会福祉を行政だけで充実させていくには、財政面でも人材面でも限界がある。そのため、一般の市民も、非営利団体のボランティア活動に積極的に参加して、行政の手が届きにくい社会福祉を充実させていく必要がある。

また、企業も、地域の非営利団体に寄付をしてその活動を直接支援したり、社員が非営利団体の活動に参加するためにボランティア休暇をとることを奨励したり、あるいは企業ぐるみで地域の奉仕活動に参加するなどして、社会貢献を積極的に行っていく必要がある。

ここが使える

そして、**行政には、地域住民、非営利団体、企業がうまく連携できるように調整するマネジメント役が求められる**ことになるはずだ。

13

外国人参政権

日本在住の外国人には参政権がないことを、日本国民はあまり問題視していないようだ。しかし、現に多くの外国籍の人が日本で日本人と同じように暮らしている。今後、移民を大量に入れるという議論もある。そうした背景を踏まえ、外国人に参政権を認めるべきかどうか、よく考えておくといいだろう。

課題

次の文章を読んで、あなたの意見を600字以内で述べなさい。

以前より、日本に定住する外国人に参政権を与えるべきかどうかが、国会などで議論になっている。現政権与党の民主党は、定住外国人に地方参政権を与えることを党の基本政策と定めており、党内では2008年1月に、永住外国人の法的地位向上を推進する議員連盟ができ、同年5月には「永住外国人への地方選挙権付与に関する提言」をまとめた。

一方、日本政府は一貫して「参政権を有するのは主権者たる日本国民であり、日本国民とは日本国籍を有する者なので、外国籍をもつ者には参政権を与えることができない」との立場をとっており、民主党政権になってからも、この姿勢を崩していない。

定住外国人に参政権を与えるかどうかは、じつは憲法解釈の問題でもある。

日本国憲法第93条2項には、「地方公共団体の長、その議会の議員及び法律の定めるその他の吏員は、その地方公共団体の住民が、直接これを選挙する」とある。この中の「地方公共団体の住民」を字義どおりにとると、この「住民」には日本国民のほか、定住している見なされる外国人も含まれるだろう。とするなら、定住外国人にも、地方自治体の首長や議員などを選ぶ選挙権が与えられることになる。

だが、日本の最高裁判所は、1995年2月28日の判決で、憲法93条2項の中の「住民」とは、地方公共団体内に住む「日本国民」を意味すると解するのが妥当であり、在留外国人に地方公共団体の長と議会の議員等の選挙の権利を保障したものではないとした。

これは、憲法前文の「国民主権」や、憲法15条1項に「公務員を選定し、及びこれを罷免することは、国民固有の権利である」とあることから、「住民」とは日本国民を指すと解釈したものである。

ただし、最高裁は同判決文において、「地方レベルの参政権については法律による付与は憲法上許容される」と記しており、地方参政権を容認する見解も示した。

つまり、司法の判断により、外国人に地方参政権を与えることは、法律で可能となったのであり、あとは政治と国会、そして日本国民の判断次第なのだ。

課題の解説

課題文は、定住外国人に地方参政権を与えるかどうかの問題について、「憲法解釈の問題があるものの、最高裁の判決に従えば、地方参政権については法律により定住外国人に認めることができるようになった」と述べている。

したがって、下手にひねったりせずに、定住外国人に地方参政権を与えることの是非を問うのが正攻法だろう。

「最高裁判所の憲法93条2項の解釈は正しいか」と問うことも無理ではないが、そうなると、外国人参政権の問題に言及しないわけにはいかないので、この問いを立てて論じるのは得策ではない。

定住外国人に地方参政権を認めることに賛成の場合は、そのプラス面を深く掘り下げて考える必要がある。

定住外国人は日本で働き、生活をして、税金を支払っている。そうした外国人には、市民としての権利をある程度認めることが必要となるだろう。せめて地方選挙権を与えて、地域社会の一員としての自覚をもってもらう。そうすることで、日本人と外国人とが共存共栄できるような地域社会を築くことができるはずだ。

グローバル化の進展に伴い、今後もさらに定住外国人が増えていくと予想される。

ならば、定住外国人の権利を保障するという意味合いからも、地方参政権を認めていくことが必要だと考えられる。外国人だからという理由で、その権利を過度に制限することは、民主主義の理念に反すると言えるからだ。

逆に、反対する場合は、マイナス面を深く掘り下げよう。

定住しているとはいえ、外国人に地方参政権を与えてしまうと、外国人の人口が多い地方自治体では、外国人に有利な施策が行われるようになり、日本人の権利が脅かされる事態になりかねない。どこかの自治体で、日本人よりも外国人が多数派になるといった事態になったら、日本人と外国人とのあいだに対立が生まれるだろう。最悪の場合、外国人を排斥する運動が起き、日本人と外国人のあいだで衝突が起きるかもしれない。

そうならないように、外国人には参政権を与えるべきではないという考え方もある。もし日本人と同じ権利がほしければ、あくまでも日本に帰化して日本国籍をとるべきだというわけだ。

賛成と反対のどちらの立場をとるにしても、外国人の権利をどう考えるべきなのか、この点をしっかり考えて論じる必要があるだろう。

解答例 1

【賛成】定住外国人に地方参政権を与えるべき

課題文の筆者は、「最高裁の判決によれば、憲法解釈の問題があるものの、法律により定住外国人に地方参政権を与えることは可能だ」と書いている。では、定住外国人に地方参政権を認めるべきなのだろうか。

確かに、地方参政権とはいえ、外国籍の者に選挙権を与えるべきではない、との意見もある。参政権はあくまでも国民の権利であるのに、日本国籍のない者にそれを部分的にでも認めるのはおかしいと考えることもできる。しかし、定住外国人に地方参政権を与えることは、これからの時代、必要なことだと思う。

グローバル化が進む中、日本でも定住外国人が増えている。日本人と結婚して、日本に住んでいる外国人も多い。そうした日本で生活する意思のある外国人に地方参政権を与えることは、外国人差別をなくすことにつながる。定住外国人も、同じ地域住民であり、地方自治に参加できる市民と認めることで、外国人がもっと住みやすい国になるだろう。もし将来的に移民を入れることになった場合、ますます定住外国人に地方参政権を与える必要が出てくるはずだ。そうすることで、定住外国人に同じ地域の住民であるという意識をもってもらうことができる。

したがって、定住外国人に地方参政権を認めるべきだと考える。

解答例 2

【反対】あくまで日本国籍を取得した者に限るべき

課題文は、定住外国人に地方参政権を与えるかどうかの問題について、「最高裁の判決に従えば、地方参政権については法律により定住外国人に認めることができるようになった」としている。では、定住外国人に地方参政権を認めるべきなのだろうか。

確かに、定住外国人は、日本人と同じように、善良な市民として生活し、税金を納めるなどの義務も果たしている。そうした外国人には、せめて地方参政権を認め、同じ自治体の住民として扱う必要があるという考え方もあるだろう。しかし、それでも、外国人にはいかなる参政権も認めるべきではない。

もし外国人が日本の参政権をほしいのであれば、あくまでも日本国籍を取得すべきだ。外国人はもし日本で何かあったら、自分の国に戻ってしまうだろう。そうした無責任な立場の外国人に、地方参政権を与えることはできない。参政権をもつ以上は、日本という国に責任をもつ者でなくてはならない。外国人の場合、日本に帰化してはじめて日本という国に対する責任感も生まれてくるはずだ。定住しているからといって、外国人に地方参政権だけ認めても、結局は無責任な投票をするだけであり、日本社会のためになるとは到底思えない。

したがって、定住外国人に地方参政権を与える必要はないと考える。

外国人参政権

理解のポイント

納税は参政権を与える理由にならない

定住外国人も税金を払っているのだから、参政権を与えるべきだという意見がある。これは一見正しいように思えるかもしれないが、しかし、よく考えると、納税と参政権を与えることとは直接関係がないと考えることもできる。

外国人も、日本に住んでいる以上、何らかの行政サービスを受けている。たとえば、公的な医療保険にきちんと入っていれば、外国人も日本人と同じように、病院にかかることができる。その点では、外国人だからというだけで差別されることはない。

ここが使える

つまり、**外国人が税金などを払っているのは、日本人と同じように行政サービスを受けるためであって、参政権とは関係がない**とも言えるのだ。

ここが使える

納税は国民の義務だが、だからといって納税していれば、外国人にも日本国民と同じ権利が与えられると考えるのは難しいようだ。

「相互主義」ってなに？

外国人参政権について、ヨーロッパの場合を見てみよう。

欧州連合（EU）加盟国には、1992年に調印されたマーストリヒト条約により、EU加盟国の国籍をもつ外国人に地方参政権を与えることが義務づけられた。そのため、EU加盟国の国籍をもつ者には、EU市民としてEU内であれば、どの国でも地方選挙権が認められることになった。

ただし、被選挙権の付与は、国によって異なっている。また、EU加盟国以外の国籍をもつ外国人には、地方参政権を認めていない。**EUの場合から考えても、定住外国人に国籍を問わず地方参政権を与えるのは無謀**とも言える。

ここが使える

EU加盟国の場合、国同士の利害が一致してEUに加盟しているので、その国民同士も同じEU市民という意識をもつことができる。そのため、EU内で相互に地方参政権を与え合っても、大きな問題が生じるとは考えにくいだろう。

しかし、仮に、自国と敵対関係にある国の国籍をもつ定住外国人がいるとして、その人に地方参政権を与えるとなると、国民は抵抗感を覚えるだろう。もし、その外国人が善良な市民ではなく、敵対国のスパイだとしたら、地方参政権を与えることは危険ですらある。

ここが使える
逆に、**仲のいい国同士が、相手国の国籍をもつ定住者に相互に地方参政権を与え合うのであれば、両国の関係をより深めることになるので有益だ**と言うことができる。

ここが使える
このように、**2つ以上の国が相互に地方参政権を与え合うことを「相互主義」という**。

移民の権利をどうするか？

日本は近い将来、少子高齢化に伴って労働力が不足すれば、移民を積極的に受け入れることになるだろう。そうした場合、移民に地方参政権を与えることになるかもしれない。

ここが使える
移民と共存共栄をはかる社会にするには、移民にも地方参政権を認め、移民の人たちに「同じ社会の仲間だ」ということを意識してもらう必要があるからだ。

ただし、地方参政権があっても、国政には参加できないのだから、移民の権利が制限されていることに変わりはない。

ここが使える
このように、**外国人に地方参政権のみを与えるのは、いわゆる「二級市民」を生み出すだけだという批判もある。「二級市民」を生み出すよりは、国籍の取得を条件にして、日本人と同じ権利を与えたほうがいいという考え方もある**のだ。

14 移民問題

数年前から、海外からの移民を積極的に受け入れるべきかどうかが議論されている。少子高齢化により、今後、労働力不足が懸念されるためだ。

移民を積極的に受け入れるかどうかは、日本社会のあり方の根本に関わってくる問題なので、そのメリット・デメリットをしっかりと考えて整理しておこう。

課題

日本は超高齢社会、人口減少社会に突入するため、移民を積極的に受け入れるべきだという議論があります。これについてあなたはどう考えますか。６００字以内で述べなさい。

課題の解説

日本は現在、世界に類を見ない超高齢社会に突入している。

これはたんに日本が世界一の長寿国で、高齢者の数が増えているというだけでなく、同時に少子化が進み、毎年生まれる子どもの数が年々減っているためでもある。

その結果、日本の総人口も、今後は減りつづけることが予想されており、こうした中、数年前から、移民受け入れの議論がなされている。

まず、移民とは、外国に長期間住んでいる人を指す。だから、厳密には外国人留学生や研修生なども、移民に含まれる。

ただし、ここで問題にすべきなのは、働くために外国からやってくる人たち、すなわち外国人労働者についてだ。

日本には現時点でも、外国人労働者が100万人近くいるのではないかと言われている。その家族を含めると、倍の200万人の外国人が日本に住んでいると考えられる。

リーマン・ショック以降の不況で、労働力はむしろ余っており、外国人労働者の数は減少傾向にあるとも言われるが、長期的に見ると、少子化の影響によって日本の労働力は不足すると見られている。日本の産業を維持していくには、外国人の労働力に頼らざるをえないとの見方もある。

その一方で、移民受け入れに反対する声が根強いのも事実だ。

最も多い理由は、治安悪化が懸念されることだろう。

言葉の壁や習慣の違いから、日本人と外国人とのあいだにさまざまな文化摩擦が起きることも考えられる。実際、すでに外国人が多く住む地域では、日本人住民とのあいだでトラブルが起きているようだ。アパートの一室に何人も暮らしていて夜中も騒がしい、ゴミ出しのルールを守らないといったトラブルは、現にいまも起こっている。

鋭い小論文を書くには、以上のような現状を踏まえつつ、移民を受け入れることのプラス面もしくはマイナス面を、経済的・社会的な視点から、深く掘り下げて考えてみることが必要だろう。

解答例 1

【賛成】経済的メリットを重視

日本は今後、少子化が改善されずに人口が減っていくと、深刻な労働力不足に陥る恐れがある。それを補うために、移民を積極的に受け入れるべきだという意見が出ている。では、はたして、日本は移民を積極的に受け入れていくべきなのだろうか。

確かに、移民を積極的に受け入れることには不安もある。移民が大勢入ってくると、その中には日本社会に溶け込めずに孤立して、貧困に陥る者や、犯罪に手を染めてしまう者も出てくるかもしれない。そうなると、移民の集まる地域がスラム化し、治安が悪化する恐れもある。しかし、それでも、日本は移民の受け入れを推進していくしかない。

移民を積極的に入れることで、人口減少に伴う労働力不足を補う以上の経済効果が期待できるだろう。外国人労働者を日本人と同じ労働条件で雇用するようにすれば、途上国の人にとっては、自国で働くよりも多くの賃金を手にすることができる。いくら景気が悪いといっても、日本は世界第3位の経済大国なので、能力が高くて意欲ある若者が海外から集まってくるはずだ。そうした人たちは上昇志向が強く、よりよい生活を求めてやってくるため、日本に定住すれば、精力的に働き、消費も盛んに行ってくれる。そうなれば、日本経済にとっても、大いにプラスとなるはずだ。

以上のことから、日本は今後、移民を積極的に受け入れていくべきだと考える。

解答例 2

【反対】文化摩擦や人権問題などのリスクを重視

日本は今後、少子化の影響で人口が減っていき、深刻な労働力不足に陥る恐れがある。それを避けるため、移民を積極的に受け入れていくべきだと主張する声も少なくない。では、この主張に賛成すべきなのだろうか。

確かに、移民を積極的に入れることにはメリットもある。少子高齢化に伴う労働力不足を補うために、海外から有能で意欲のある若者を募って日本で働いてもらう。そうしたほうが、日本の生産力を維持することができ、日本の経済力をこれ以上低下させずにすむかもしれない。しかし、移民の受け入れには、大きなリスクがあることも忘れてはならない。

移民が大量に入ってくると、日本人とのあいだで必ず文化摩擦が起きる。学校や会社、地域社会において、文化や習慣の違いから、日本人と外国人のあいだで対立や衝突が生じてしまうだろう。下手をすると、それが移民差別につながり、人権問題にも発展しかねない。さらには、移民排斥を訴える政治家が出てきて人気を集め、移民の不満をさらに増大させる恐れもある。これでは日本社会が混乱し、事あるごとに移民による暴動が起きる国になってしまうだろう。そうならないように、できるだけ移民に頼らず、女性の労働力をもっと活用するなどして、超高齢社会を乗り切っていくべきだ。

以上のことから、移民を積極的に受け入れていくことに、私は反対である。

移民問題

理解のポイント

ここが使える

現実として、すでに大量の外国人労働者が日本に入ってきている

日本政府は、これまで公式には、移民の受け入れに消極的な姿勢をとってきたが、現実にはすでに多くの外国人労働者が日本に入ってきている。

まず、1980年代のバブル期には、深刻な労働者不足に見舞われたため、日本の企業は南米の日系人をはじめ、東南アジアや中東のイランなどから入ってきた労働者を大量に雇った。

そうした労働者の多くは、観光ビザや学生ビザなどで入国し、そのまま不法就労者として建設業や製造業で働いていたようだ。

こうした中、日本政府は、専門知識や特殊技術をもった外国人は受け入れるが、単純労働者は制限するという方針を示した。しかし、実際には、外国人の不法就労を黙認していたようである。

ここが使える

不法就労を厳しく取り締まると、企業がたちまち労働力不足に陥ってしまい、経済に悪い影響が出るという側面もある。

バブル経済崩壊後の1990年代後半以降は、不景気により労働力不足は解消されたものの、その後も、熟練技術を必要としない単純労働については、外国人労働者に頼らざるを得ない状況が続いた。なお、

ここが使える

現在は、中国からの労働者が最も多く、次いで韓国、ブラジルやペルーからの労働者（主に日系人）が多くなっている。

南米の日系人の場合は、ほかの外国人と比べると、日本への移住が容易になっているので、出稼ぎではなく、家族を連れて定住するケースが多い。そのため、全国の大きな工場のある地域では、日系ブラジル人などの南米人の割合が多くなっている（とくに愛知県と群馬県が多いと言われている）。

そうした定住外国人はどうしても寄り集まって住むようになるため、外国人の多く住む地区ができる。そうした地区は、外国人向けのスーパーマーケットや飲食店などができ、さながら外国のようになる。日本人住民の多くは、そうした地区を「外国人街」や「外国人村」と呼んで敬遠しているようである。

定住外国人にまつわるさまざまな問題

これに伴い、さまざまな問題が発生してもいる。

ここが使える

まず、**定住外国人の多い地域の小中学校では、南米出身の児童が増え、教育現場に混乱が起きている**。

そうした児童は、日本語がわからず、日本語を教える教員も不足していることから、授業についていけず、最悪の場合、不登校になる。また、親が子どもを学校に通わせない、不就学の子どもがいるという問題も発生している。

また、ゴミ出しのマナーが悪いなど、日本人住民とのあいだでトラブルも発生している。定住外国人の中には、収入が少なく、地方税や医療保険料が未払いになり、医療などが受けられないといった問題も起きている。

ここが使える

さらに、**リーマン・ショック以降の不況により、失業を余儀なくされた定住外国人も少なくなく、今後は、こうした定住外国人の貧困問題がさらに深刻になる**のではないかと懸念されてもいる。

ここが使える

定住外国人を多く抱える自治体では、定住外国人に対して日本語教育の充実をはかるほ

か、日本人住民との交流を促進し、外国人差別をなくしていくといった対応が、今後もさらに求められるだろう。

「高度人材に対するポイント制による優遇制度」ってなに?

日本政府は現在、経済連携協定にもとづき、インドネシアやフィリピンから看護師と介護師の受け入れを始めている。日本では、看護師や介護士が慢性的に不足しているためだ。インドネシアやフィリピンから来日したのは、本国で看護師や介護師の資格をすでにもっている人たちである。

しかし、その人たちは、さらに日本で数年の研修を受けたあと、日本の国家試験に合格すれば、日本で看護師や介護師の仕事を続けることができるが、もし不合格になると、本国に戻らなければならない。

日本語を習いはじめて数年で、日本人と同様の国家試験に通らなければならず、実際に合格できたのは、まだごく少数だ。それでは厳しすぎるとの世論の批判もあり、日本政府は試験に英語表記を加えたり、滞在期間の延長を受けつけたりしている。

しかし、それでも、インドネシアやフィリピンから来る人たちにとっては、本国での資格が日本で通用しない以上、狭き門であることに変わりはない。

ここが使える

そんな中、法務省は2012年度より、**「高度人材に対するポイント制による優遇制度」**を導入することにしたようだ。

ここが使える

「高度人材」とは、高度な能力や技能を有する外国人のことで、学歴、職歴、年収、研究実績などの項目ごとに評価してポイントを与え、一定のポイント以上を獲得した外国人を「高度人材」と認定し、いくつかの点で優遇するという。

たとえば、5年の在留期間が認められ（これまでは3年）、さらに5年の在留歴で永住権が与えられる（これまでは10年）などである。また、こうした外国人は家族のほか、使用人なども伴って来日することができるようになるようだ。

ここが使える

こうした措置からもわかるように、日本政府は、**日本社会にとって有益な人材だと見なされる外国人については、国の門戸を積極的に開こうとしている**と言える。

外国人労働者への対策

しかし、こうした政策は、単純労働に従事している外国人の地位をさらに低くすることにつながりかねない。現に、単純労働に携わる外国人労働者は、日本人よりも安い賃金で雇われているという実態がある。

また、不法就労の場合、社会保険に加入できないため、病気にかかったりケガをしたりしても、病院に行くことができない。保険に入っていないと、医療費をすべて実費で払うことになるからだ。

ここが使える

こうした現実がある以上、**日本で働く外国人の人権を平等に保護し、劣悪な労働条件で働かされていないか、社会保険に加入しているかなどを国がしっかり監視する必要がある。**

ここが使える

また、「高度人材」と認められた外国人を優遇するにしても、そうした外国人と日本人とのあいだで文化摩擦が起きないかというと、決してそんなことはない。やはり、**外国人と日本人が共存共栄をはかるには、いわゆる「多文化主義」の立場をとり、異文化の流入に対して寛容な社会を築いていく必要がある**だろう。

移民受け入れ先進国のフランスは、自国の理念を移民に押しつけて統合しようとしたが、それが必ずしもうまくいっているとは言えず、とくにイスラム教徒の移民との文化摩擦が起きている。また、それに伴って、移民排斥を訴えるフロン・ナショナル（国民戦線）という極右政党が、国民の支持を徐々にのばしてきている。

ここが使える

日本でも今後、移民がさらに増えれば、移民排斥を訴える政治家や政党が出てこないと

も限らない。そうならないためにも、日本をさまざまな異文化が共存できる社会（多文化共生社会）にしていく必要がある。

15

ナショナリズム

「ナショナリズム」は、その言葉の定義があいまいなため、是非を論じるのが難しい。しかし、これは「移民問題」や「外国人参政権」などとも関連してくる重要な問題である。

現在のグローバル化の時代、「ナショナリズム」の問題は避けて通れないので、「ナショナリズム」とは何なのかをよく知っておこう。

課題

次の文章を読み、「ナショナリズム」について、あなたが考えたことを600字以内で述べなさい。

日本の知識人は、「ナショナリズム」と聞くだけで拒絶反応を起こすようだ。戦時中の「国粋主義」や「全体主義」と重なって見えるせいかもしれないが、「ナショナリズム」なしに近代国家は存在しない。これは自明の理である。

「ナショナリズム」(nationalism) は、「ネイション」(nation) という言葉に「イズム」(ism、主義) をつけたものだ。では、その「ネイション」とは何か。

「ネイション」の語源はラテン語の「ナチオ」(natio) で、古代ローマ時代には「よそ者」、中世ヨーロッパでは「同郷集団」という意味で使われていたらしい。つまり、「ナチオ」とは、郷土を離れた者たちが異国の地において寄り集まった共同体のことだと想像できる。

同郷意識は、生まれ育った地に住みつづけていたのでは発生しない。郷土を離れ、異郷の地で生活し、自分は「よそ者」だと感じてはじめて、郷土を同じくする者たちと同郷人という意識を共有することができる。

別の言い方をすると、異郷の者たちが自分たちとは異なるという意識が生まれないことには、同郷意識も生じない。

これと同じことは、「ネイション」についても言える。「ネイション」を便宜的に「国民」と訳すなら、ある国の「国民」は、「自分たちが他国の『国民』とは異なる」と意識することなしには形成されない。他国の国民から区別されることではじめて、同じ「国民」だと意識するのだ。

そして、この「国民」意識は、国家の区別を前提とする。「国民国家」という言葉があるが、少なくとも近代においては、国家と国民の発生は切り離すことができない。

では、「ナショナリズム」とは何か。それは、同じ国家に属する国民（自国民）を、ほかの国家の国民よりも尊重することであって、それ以上でもそれ以下でもない。

世界には、多くの独立国家が存在しているが、これはそれぞれの国家が基本的には対立関係にあり、自国の利益を優先しているということだ。もし2つの国家間にまったく対立がないのであれば、その2つの国家はひとつの国家になることができる。

「ナショナリズム」を批判するのであれば、こうした対立関係にもとづく国家の区別もなくさなくてはならない。しかし、それは現実には不可能である以上、「ナショナリズム」を批判するのは背理であり、自分の属する国家と国民の利益を優先する以外にないのである。

課題の解説

課題文は、「ナショナリズム」に対して肯定的な立場をとっている。

その主張をまとめると、「そもそも近代の国民国家は『ナショナリズム』に立脚して成立しているのであり、その『ナショナリズム』を批判すること自体が背理である」となる。

東西冷戦が終わり、グローバル化が進むにつれて、人々は国境を越えて結びつくようになり、国家の存在意義が薄れていくと、一時真面目に信じられていた。また、日本国内では、バブル崩壊以降の不況の中で、グローバル化の急速な流れについていけない若者の右傾化が問題視された時期もあった。

そのため、「ナショナリズム」の強まりを警戒する声が高まり、「ナショナリズム」は悪だという風潮が生まれた。課題文は、そうした風潮に異を唱えていると見ることができるだろう。「ナショナリズム」には、グローバル化とは相容れない面がある。

「ナショナリズム」は、ともすると排外主義につながる危険性がある。つまり、外国人を排斥しようという傾向が強まる恐れがあるということだ。

日本国内では、いまのところ外国人排斥を訴える声はほとんどないが、もしも今後さらに不況が続く中で、外国人が日本で幅をきかせるようになると、不況に苦しむ人たちの不満が高まり、外国人排斥に向かう恐れがある。

しかし、その一方で、国民に一体感をもたらすという点では、「ナショナリズム」を肯定することもできる。

日本では、近年、正規労働者と非正規労働者やフリーターとの格差の拡大が問題視されているが、それ自体がナショナリズムのあらわれだと見なすこともできるだろう。「格差が大きくなりすぎるのは問題だ」と感じるのは、同じ国民としての同胞意識があるからだ。同じ国民の中に大きな格差があると、それだけで同じ国民としての一体感が損なわれてしまうと、直観的に感じるからだ。

このように、「ナショナリズム」は、国民としての意識や感情に深く関わっているものである。肯定と否定のどちらの立場をとるにしても、「ナショナリズム」のプラス面とマイナス面をしっかり分析したうえで論じる必要があるだろう。

解答例 1

【賛成】東日本大震災からの復興とからめてナショナリズムを肯定

課題文の筆者は、「日本には、ナショナリズムを毛嫌いする知識人がいるが、近代の国民国家はナショナリズムに立脚している以上、ナショナリズムを批判すること自体が背理である」と述べ、「ナショナリズム」に対して肯定的な立場をとっている。では、このように「ナショナリズム」を肯定するのは妥当なのだろうか。

確かに、「ナショナリズム」には、戦時中の日本の国粋主義やナチス・ドイツのファシズムにつながる面があるのは事実だろう。ヒトラーは当時の国民の「ナショナリズム」をあおることで独裁政権を築いた。よって、「ナショナリズム」は決して無害とは言えないが、それでも「ナショナリズム」を頭ごなしに否定するのもまた危険だろう。

国民がひとつにまとまろうとすることを「ナショナリズム」と呼んで批判することはできない。東日本大震災以降、日本はこの国難を乗り切るために一致団結しようとしている。同じ国民として、被災地の人々を放ってはおけないからだ。このように、国民がひとつにまとまる力がなければ、日本はもはや立ち直れないだろう。国民の団結力を高めてこそ、国力も上がる。そうした意味での「ナショナリズム」を否定したら、国民は私利私欲を追求するだけの個人に解体し、国力は低下してしまうはずだ。

したがって、課題文が「ナショナリズム」を肯定しているのは妥当だと考える。

解答例 2

【反対】不景気のため排外主義につながるリスクがある

課題文の筆者は、「日本には、ナショナリズムと聞いただけで拒絶反応を起こす知識人がいる。しかし、近代の国民国家はナショナリズムなしには成り立たない。だから、そのナショナリズムを批判すること自体が背理である」と述べている。では、筆者のように、「ナショナリズム」を肯定的に捉えるべきなのだろうか。

確かに、ある国の国民であるという意識を強くもつことは、国民同士のつながりが強まることにもなり、国全体として見た場合はプラスだろう。もし「ナショナリズム」が弱まり、国民の同胞意識が薄くなると、国民がまとまらず、国全体で豊かになろうという気持ちにはならないだろう。しかし、こうした「ナショナリズム」には危険性もある。

経済が悪化すると、「ナショナリズム」は排外主義につながりやすい。しかも、いまのグローバル化の時代、日本はどうしても外国人労働者を受け入れざるを得ない。しかし、もし日本人の労働者が、不景気によって解雇されたのに、外国人は雇用されつづけているとなると、「外国人を優遇していてけしからん」という声が強くなる可能性は十分ある。「外国人が自分たちの職を奪っている」と感じるようになると、外国人排斥運動が起こる危険性も出てくる。

以上のことから、「ナショナリズム」を肯定的に捉えることはできないと考える。

ナショナリズム

理解のポイント

「ナショナリズム」「ナショナル・アイデンティティ」ってなに?

「ナショナリズム」という言葉は、一言で定義するのが難しく、「ナショナリズム」に対する見方や態度がその定義に反映されがちである。とくに日本では、この言葉は「愛国心」「民族主義」などと同じような意味合いで使われることが多い。

しかし、課題文にもあるように、「ナショナリズム」は「国民」の形成と統合の力そのものである。だから、**「ナショナリズム」を否定したら、国民国家が成り立たないのは事実**だ。

ここが使える

明治維新以降、日本の政府は、天皇の権威をよりどころにして「国民」の形成をはかり、使用言語の統一(国語の誕生)や通貨の統一などを行って、「国民」の統合に努めた。このようにして、日本に住む多くの人の中に、自分は日本国民だという意識(ナショナル・アイデンティティ)が生まれていったのである。

ここが使える

近代国家には、このような「ナショナル・アイデンティティ」(国民の自己同一性)の

形成が欠かせない。そして、この形成には必ず「ナショナル・アイデンティティ」を象徴するものが必要になる。

日本では、「天皇」という存在だ。イギリスでも、「国王」（いまは女王）が国民統合の象徴となっている。またフランスでは、「自由・平等・博愛」というフランス革命の理念そのものがそうだ。

ここが使える

つまり、「ナショナリズム」とは、「ナショナル・アイデンティティ」を形成しようとする働き、あるいは、それを再構築しようとする働きのことだと言える。

「ナショナリズム」vs.「地球市民」

ここが使える

「ナショナリズム」と相対するのは「地球市民」という考え方だろう。

「ナショナリズム」に立脚した近代国家は、自国の国民を他国の国民よりも優先的に扱う。仮にどこかの国で紛争が起き、その国にいる外国人は国外に逃げ出さないと命が危うい緊迫した情勢になった場合、日本政府はその国にいる日本人をまず助け出そうとする。

一方、「地球市民」という考え方に立てば、国籍に関係なく助け出すことになるだろう。人の命は平等なので、国籍で区別するわけにはいかないからだ。

ここが使える

こうした**人道主義の立場から活動を行っている国際機関やＮＰＯ（国境なき医師団など）が数多く存在する一方で、国家はあくまでも自国民の安全を優先する。**

もし、ある国家が他国の国民の命を救うことがあるとすれば、国同士の関係が非常に親密である場合か、あるいは難民受け入れのような場合に限られるだろう。

「ナショナリズム」は政治に利用されるリスクがある

「ナショナリズム」が危険になるのは、それが政治に利用される場合である。

小泉元首相は、「構造改革」という国民の痛みの伴う改革を断行したが、それによって支持率が下がるどころか、むしろ80％前後という高い支持率を維持した。

ここが使える

これは、**小泉元首相が「ナショナリズム」を巧みに利用した**からだろう。

たとえば、中国や韓国などからの反発があったにもかかわらず、靖国神社参拝を断行した。また、北朝鮮に直接出向いていき、拉致被害者数名の帰国を実現させた。こうした行動が日本人の国民感情に訴え、高い支持率を維持することができたと見ることができる。

国民の「ナショナリズム」を巧みに操作することで、国民を排外主義へと誘導することは、もしかすると、それほど難しいことではないのかもしれない。

16

アメリカ・日米関係

戦後の日本の外交は、常にアメリカの顔色を窺いながら行われてきた。そのアメリカの力が、リーマン・ショック以降、徐々に弱まっている。そのため、今後の日米関係も見直しを迫られるかもしれない。国際社会における日本の役割を考えるうえでも、日米関係について知っておく必要がある。

課題

次の文章を読んで、あなたの考えを600字以内で述べなさい。

現在、アメリカの一極支配体制が揺らぎつつある。

1991年にソ連が崩壊し、東西冷戦が終結すると、アメリカは世界で唯一の超大国となった。そのため、アメリカは強大な軍事力を背景にして、「世界の警察」を自任するようになる。世界各地の紛争に介入するほか、湾岸戦争(1991年)やイラク戦争(2003年)では戦争当事国となった。また、グローバリゼーションと称して、政治面だけでなく、経済・社会・文化などのあらゆる面で、世界各国に多大な影響を与えるようになる。

こうしたアメリカによる世界の一極支配に対して、前代未聞のテロ行為により異を唱える結果となったのが、2001年9月11日に起きたアルカイダによる同時多発テロだった。その後、アメリカはテロとの戦いと称して、アフガニスタンやイランでテロリストの掃討作戦に打って出たが、そもそもアメリカの覇権主義がそれに反発するテロリストたちを生み出したと見ることもできる。

また、アメリカの一極支配体制に大きなダメージを与えたのが、2008年のリーマン・ショックである。EU諸国や日本などもドミノ倒し的に不況に陥り（世界同時不況）、未だに明るい兆しが見えない。その間、中国のほか、インドなども経済成長を続け、いまや国際的な存在感を増してきている。こうした経済面から見る限りでは、今後、世界がさらに多極化し、アメリカの影響力が相対的に弱まっていくことは確実だろう。

ただし、アメリカの軍事力はとにかく強大だ。アメリカ以外の国々の軍事力をすべて足しても、アメリカの軍事力には及ばないとも言われる。それゆえ、アメリカは今後もその力を誇示しようとするだろう。だが、その一方で大国志向の強いロシアや中国が台頭してくると、また新たな覇権争いが生じ、世界情勢が不安定化することも予想される。

では、こうした中、日本はこれまでどおり、アメリカの同盟国として（あるいは属国として？）アメリカ追従の姿勢を崩すべきでないのか。それとも、アメリカとの協力関係は保ちつつも、独自の外交戦略をとるべきなのか。いずれにせよ、日本は戦後以来のアメリカとの関係の見直しを真剣に検討する時期に差しかかっているのではないだろうか。

課題文は、冷戦終結後のアメリカ合衆国による世界の一極支配体制が、とくにリーマン・ショック以降、崩れてきていることを指摘したうえで、日本は今後アメリカに対してどのような姿勢をとっていくべきなのかと問題を投げかけている。よって、この問いかけに対して、自分なりの考えを書くよう求められていると考えていいだろう。

では、そもそも課題文の筆者は、なぜそのような問いかけをしているのだろうか。

近年の沖縄の普天間基地問題からもわかるように、日本にはアメリの軍事基地がいくつかあり、アメリカ軍が駐留している。しかし、そもそも、なぜアメリカ軍は日本にいるのだろうか。

日本は戦後、アメリカによって一時的に占領されていた。

その間、戦争放棄を明文化した現在の日本国憲法が制定されたことにより、日本は自前の軍隊をもつことができなくなった。

その代わり、日本はアメリカと日米安全保障条約を結んだ。この条約により、日本が他国から攻撃を受けた場合、アメリカが日本に代わって反撃することができる。

そのために、日本各地にアメリカ軍基地があり、アメリカの軍隊がいまも駐留している。また、もし日本に他国からミサイルが撃ち込まれれば、アメリカからミサイルがその国に飛んでいく。日本はアメリカの「核の傘」に守られているのである。

このように、国防という点では、日本はアメリカに守ってもらっている。だから、日本はこれまでアメリカ寄りの外交を行ってきたし、アメリカが突きつけてくるさまざまな経済的な要求も飲んできた。

そして、これからも、同盟国としてアメリカに最大限協力していくという姿勢がひとつ考えられる。たとえばＴＰＰ（環太平洋経済協定）への参加にしても、経済的なメリット・デメリットを比較しただけでは判断できないだろう。やはり、日米関係を今後も重視するというのであれば、日本としては参加しないわけにはいかないかもしれない。

しかし、世界が多極化する中で、日本はアメリカのほうだけ向いていればいいかというと、必ずしもそんなことはないだろう。国際社会の中で、日本独自の外交を展開していくことも必要なはずだ。

いまアメリカとイランが核開発をめぐって対立しているが、日本はイランとの関係が良好な国なので、そうした立場を活かして、二国間に入って平和的な解決を目指すといった外交努力を行ってもいい、という考え方もできる。

どちらの立場をとるにしても、あまり過激な発言にならないように気をつけながら論じるようにしてほしい。

解答例 1

【賛成】日米関係を強化すべき

課題文の筆者は、冷戦終結以降、唯一の超大国となったアメリカ合衆国が世界を動かしてきたが、いまやその一極支配体制が崩れてきていると指摘したうえで、日本は今後もアメリカ追従の姿勢をとるべきなのかどうか検討すべきだと述べている。では、日本はアメリカ追従の姿勢を改めていくべきなのだろうか。

確かに、日本政府はこれまでアメリカの言いなりだったかもしれない。とくにバブル経済崩壊後は、アメリカ的な新自由主義を受け入れて、日本の雇用慣行である終身雇用制度などを崩し、雇用を不安定化させ、格差を大きくしてしまった。こうした点では、日本政府の責任は大きい。しかし、今後もアメリカとの協力関係を大きく見直す必要はない。日本の隣国には、いつ暴走するかわからない軍事国家の北朝鮮がいる。また、中国との関係は経済面では深まっているとはいえ、中国が軍事力をさらに増強して、周辺海域の覇権を握ろうとした場合、日本は安全保障の面では脅威にさらされることになる。だから日本は、世界が多極化していくからこそ、むしろアメリカとの同盟関係をさらに強化して、国民の生命と財産を守っていかなくてはならない。

したがって、アメリカ追従と言われようとも、これまでの日米関係をむしろ強化していくべきだと考える。

解答例 2

【反対】日本はアメリカ追従を改めるべき

課題文は、冷戦終結以降、唯一の超大国となったアメリカ合衆国が世界を動かしてきたが、その一極支配体制がとくにリーマン・ショック以降大きく揺らいでいると述べたうえで、日本は今後も、アメリカ追随の姿勢をとるべきなのかどうか検討すべきだとしている。では、日本はアメリカ追随の姿勢を改めていくべきなのだろうか。

確かに、日本は自国の防衛という点では、アメリカの軍事力に大きく頼ってきた。戦後の冷戦状態の中、アメリカに守られていたおかげで、日本は経済発展を遂げることができた。戦後の日本の平和で豊かな社会は、アメリカの強大な軍事力があってのものだと言うこともできるだろう。しかし、だからといって、日本は今後もアメリカ追従の姿勢をとりつづける必要はない。

現在では、すでに経済面では、日本はアメリカ一辺倒を脱している。貿易面では、対アメリカよりも対中国のほうが額が大きく、アジア諸国との貿易が全体の半分を超えているのである。つまり、アメリカよりも中国をはじめとするアジア諸国との関係のほうが、日本にとって重要なのである。アメリカ一辺倒を続けると、中国との関係が悪化し、アジアの平和が保てなくなる恐れがある。

したがって、日本はこれまでのアメリカ追従の姿勢を改めるべきだと考える。

アメリカ・日米関係

理解のポイント

日米関係の歴史

1941年に始まった日米間の戦争（太平洋戦争）は、45年、アメリカによる広島と長崎への原爆投下ののち、日本の敗北に終わった。終戦直後、日本のほとんどがアメリカの占領下に置かれ、ダグラス・マッカーサーを総司令官とする連合国軍総司令部（GHQ）によって占領政策が進められた。こうして、日本は、それまでの天皇を中心とした体制を改め、アメリカの指導のもと、国民主権、戦争放棄を掲げて日本国憲法を制定した。

その後、世界はアメリカを中心とする資本主義陣営とソ連を中心とする社会主義陣営の2つの勢力に分断されて、冷戦時代が始まるが、日本はアメリカとのあいだに安全保障条約を結び、資本主義陣営の一員として行動する。そして、アメリカの「核の傘」に守られながら、経済発展を遂げ、経済大国となった。

ここが使える

日本の戦後史は、アメリカに敗北し、アメリカに追随してきた歴史だったとも言える。

アメリカの一極支配から多極化へ

ところが、そのような状況に変化が起こりつつある。

近年、国際社会におけるアメリカの地位そのものの低下が起こっている。

ここが使える

ソ連が崩壊して冷戦が終結すると、一時期、アメリカが世界全体を支配するかに見えた時代があった。圧倒的な軍事力と経済力で世界全体に影響を及ぼしたのだった。

しかし、9・11を契機に、アメリカの世界に対する影響力は弱まっていった。テロへの報復の軍事費がかさみ、そのうえリーマン・ショックなどによって経済力も弱まっていった。こうして、**アメリカは以前のような世界を支配する力をもたなくなり、中華圏やイスラム圏などのいくつかの「極」のひとつにすぎなくなりつつある。**

ここが使える

また、日本においても、アメリカに対する貿易の比率が下がっている。

中国などのアジア諸国が工業力や経済力をつけたため、日本はアジア諸国で生産された製品を輸入し、アジア諸国に日本製品を販売するようになった。日本の企業も中国に工場を建設し、そこから日本国内に逆輸入したり、世界に輸出したりしている。戦後、しばらくのあいだ、アメリカとの貿易額が日本の輸出入の半分以上を占めていたが、いまではアメリカは全体の7分の1にも満たない。徐々にアジアが貿易の相手になってきている。

今後の日米関係

そのような状況の中、日米関係の見直しがなされつつある。

日本は、いまも日米安全保障条約にもとづいて、アメリカ軍に基地を提供している。とくに基地の多いのが沖縄だが、冷戦終了後、日本内にアメリカ軍の基地があることに疑問の声も上がり、沖縄のアメリカ軍の基地を減らす動きも出ている。

また、これまでのアメリカ一辺倒を見直して、アジアと連帯し、アジアの国の一員として行動しようとの動きも強まっている。中国・韓国・インドなどの国との関係を深め、アジアのリーダーとして、先進国に向けて発言していく方向も模索されている。

とはいえ、アメリカへの従属を弱めるからには、安全保障条約にもとづくさまざまな協定を改めなければならない。アメリカ軍に従属しないとすると、自衛隊が自主的に行動することも考えられるが、憲法上の制約もある。中国や北朝鮮の軍事的脅威を考えると、アメリカとの同盟を否定することもできない。それらの点をどう考えるかも課題だ。

これからも日米関係をめぐってさまざまな政治的な動きが起こることが予想される。

17 テロリズム

アメリカ同時多発テロ以降、テロとの戦いが国際社会全体の大きな課題となっている。各国はテロリストの入国を阻止するために、安全管理を強化している。

そもそも「テロリズム」とは何なのかをしっかりと押さえたうえで、テロに対してどのような姿勢でのぞむべきか、テロへの報復の是非とあわせて考えを整理しておこう。

課題

２００１年９月11日のアメリカ同時多発テロ以降、アメリカはアフガニスタンやイラクで報復のための攻撃を行いました。その結果、多くの犠牲者が出ています。こうしたテロに対する武力による報復について、あなたはどう考えますか。６００字以内で述べなさい。

課題の解説

この課題ではテロへの報復の是非が問われている。

テロリズムとは、組織的な暴力行為によって、何らかの政治的な目的などを達成しようとするものだ。しかも、一部の関係者だけでなく、一般市民が犠牲になることも少なくない。

同じような主義主張をもつ人たちのあいだには、そのテロ行為を支持する人も多い。しかし、少なくとも民主主義の社会では、政治的な目的が何であれ、それを暴力によって達成しようとするのは、たんなる犯罪でしかない。それを放置することはできない。何らかの対応が必要だ。

では、テロの撲滅を目指して、テロの温床を含めて、武力を用いて断固たる処置をとるのか。あるいは、直接の犯罪当事者の逮捕を重視し、それ以外には、あくまでも外交や経済的な圧力にとどめるのか。これが今回の課題にほかならない。

テロが国際化する中、世界の警察を自任するアメリカは、テロ組織の撲滅を目指して、「テロ」との戦いを行ってきた。アフガニスタンを攻撃し、ウサマ・ビンラディンらテロの首謀者たちを攻撃し、殺害してきた。

そうした行為はそれなりの成果を上げてきたとも言える。だが、それが新たな報復を呼んでいることも否定できない。現に、アメリカの軍事活動に反発し、混乱を引き起こそうとする自爆テロが頻発して、多くの犠牲者が出ている。

テロへの報復としての武力行為も、テロと少しも変わらぬ暴力行為にほかならないと見なされることもあれば、テロという戦闘行為に対する当然の対抗措置だと見なすこともできる。

いずれの立場で論じるにしても、反対意見を十分に理解したうえで判断する必要がある。テロへの報復を肯定する場合、「報復はテロとは異なる」ということを示す必要がある。否定する場合には、テロへの報復がいっそうの混乱をもたらすことを示す必要がある。

解答例 1

【賛成】テロに断固とした態度でのぞむべき

アメリカ同時多発テロ事件以降、世界各地で自爆テロが起き、一般市民にも多くの犠牲者が出ている。では、こうしたテロ行為に対して、国際社会は武力の行使も辞さない厳しい態度でのぞむべきなのだろうか。

確かに、テロ組織を武力で制圧しようとすると、報復の連鎖を招いてしまうとの批判もある。アメリカは同時多発テロの首謀者であるウサマ・ビンラディンの殺害に成功し、ひとまず対テロ戦争に勝利したと思っているようだが、いつまた報復テロが起きるかわからないだろう。しかし、だからといって、テロ組織と話し合いや取引をする必要はない。

理由はどうあれ、テロ行為はあくまでも民主主義社会への挑戦である。だから、テロには武力で対抗するしかない。そもそも、テロによって何らかの政治的な目的を達成しようとすること自体、民主主義を脅かすものであり、決して許されないのだ。国際社会がテロ行為に対して少しでも弱腰の姿勢を見せたら、暴力の与える恐怖によって一般市民を支配するのを容認することにもなりかねない。テロに対して断固たる態度を示してこそ、民主主義を守ることができるのである。

したがって、テロに対して国際社会は武力の行使も辞さない態度でのぞんでいくべきだと考える。

解答例 2

【反対】テロには慎重な態度を

アメリカ同時多発テロ以降、アメリカは世界各地でテロに対する報復を行った。それに対して賛否両論があるようだ。では、テロ行為に対して武力による報復を行うのは、当然のことなのだろうか。

確かに、テロで攻撃された国は、テロに対して甘い態度をとるべきではない。テロの首謀者は徹底的に追及し、逮捕して厳罰を与えるべきだ。また、テロの温床になっている地域には国際的な理解のもと外交・経済における制裁措置を強めるべきだ。しかし、テロを支援する地域に武力攻撃を行ったり、首謀者を武力で殺害したりするべきではない。

報復は報復を生む。これまで以上に、憎しみを増幅させる。テロを支援する地域を武力攻撃すると、その地域にいたテロに反対する人々までも巻き込んでしまう。流れ弾に子どもや女性が当たると、その関係者全員がテロの側につくことになる。そして、アメリカがイスラム地域で報復を行う場合は、とくにユダヤ・キリスト教徒がイスラムの地を汚したと見なされ、いっそう怒りを増幅させる。たとえ一時的にテロを抑え込んでも、もっと大きな憎しみをつくり出している恐れがある。

以上の理由により、私は、テロへの報復としての武力行為を行うべきではないと考える。

テロリズム

理解のポイント

テロとは？

ここが使える

「テロリズム」という言葉は、フランス革命後の「恐怖政治」（Terreur、テルール）に由来するフランス語である。つまり、**もともと「テロ」という言葉は、独裁者もしくは独裁国家が政敵や反体制派を押さえ込むために行った組織的な暴力のことを指していた。**

現在では、転じて、個人または集団が、政治的、宗教的な主張を実現するために行う暴力的な破壊行為のことを指す。

2001年9月11日にニューヨークで起こったテロが最も大きなテロの例だが、日本では、オウム真理教（当時）による地下鉄サリン事件もテロと見なすことができる。

テロの温床

ここが使える

現在、世界の各地でテロ事件が起こっている。いずれも、民族対立、宗教対立、民族独

立運動などが背景にある。

話し合いで解決が困難になった場合、テロ行為によって自分たちの主張を人々に知らせ、社会を混乱に陥れて、現状を打破しようとするのが、テロの目的だと言えるだろう。

その中で、最も大きく報道され、世界的な大問題になっているのが、イスラム過激派(イスラム原理主義者と呼ばれる)によるアメリカを中心とするユダヤ・キリスト教社会に対するテロ攻撃だ。

グローバル化が進み、イスラム社会にも西欧の論理が入り込むにしたがって、イスラム社会にも、欧米の人々がやって来て仕事をするようになった。

現地の人の中にも資本主義になじむ人が増える。イスラム教の女性も、キリスト教の女性と同じように、男女同権を主張したり、肌を見せて歩いたりするようになる。イスラム教を信奉しない人が増えてくる。

しかも、それに伴って経済格差が広まり、資本主義に乗り遅れた人々が貧しくなる。そうなると、伝統的な生活をする人々は資本主義に憎悪を抱くようになる。こうして、アメリカ人やそれに味方する人々、イスラム教から離反した人々に、イスラム原理主義者たちがテロ行為を行い、恐怖を与えるようになった。

しかも、ユダヤ教の国であるイスラエルが、1948年に中東のパレスチナを占拠し、そこに住んでいたイスラム教徒であるアラブ人を追放して建国したため、それ以来、イスラエルとイスラム教徒のあいだで争いが絶えなかった。ユダヤ系住民の多いアメリカがイスラエルを支援しているため、イスラム教徒はアメリカを敵と見なすようになっていた。

このような状況が激化して2001年9月11日の同時多発テロに至ったのだった。

その日、アメリカ国内を飛ぶ4機の飛行機がハイジャックされ、そのうちの2機がニューヨークの世界貿易センタービルに激突、1機はアメリカ国防総省に激突した。もう1機はホワイトハウスに激突しようとしていたと言われるが、乗客が協力して阻止し、地上に墜落したと言われる。

ここが使える

テロは戦争か？

9・11後、当時のアメリカ合衆国のブッシュ大統領はニューヨークのテロ事件を「新しい戦争」と呼び、テロリストとその支持組織、支援国家の根絶を宣言した。そして、事実、アフガニスタンに戦闘を開始し、テロの首謀者たちに攻撃を仕掛けた。

しかし、一方、**テロを戦争と捉えるべきではない**という意見も多かった。

ここが使える

「戦争と捉えると、その報復としての武力行為が正当化される。だが、そうなると、報復が報復を呼ぶ恐れがある。しかも、戦闘に巻き添えになる市民も増え、憎悪が広まっていく。むしろテロをあくまでも犯罪と見なして、法廷で厳しい裁きをするほうが国際社会の理解が得られる」という意見だった。

しかし、実際には、アメリカは大規模な軍隊を用いて報復を実行し、いったんはアフガニスタンなどの国に対して勝利宣言を行った。そして、その後、アメリカ軍が駐留し、平和を維持し、公正な選挙によって民主的な政権ができるように国内を整えようとした。そうすることによって、イスラム原理主義の圧政に苦しんでいる現地の人にも歓迎されると考えていた。

そうしたアメリカの活動は、ある程度の成果を得た面もある。しかし、心配されたとおり、報復合戦となって、アフガニスタンなどの地域で過激派の自爆テロが頻発し、平和にはほど遠い状況にある。

ニューヨークで起こったテロだけでなく、ロシア連邦内のチェチェン共和国の連邦からの独立を求めてのテロ、インド国内でのイスラム勢力のテロ、およびそれに対する報復なども同じような経過をたどっている。

テロ対策のための人権侵害

テロ事件のあと、空港や公的な建物などで、テロ行為を防止するためのセキュリティ強化が重視されるようになった。監視カメラが至る所に設置され、空港などでは、裸同然に見えるボディスキャナーが取り入れられて問題になったが、そのほとんどは安全を求める多くの人に歓迎されている。

しかし、なかには「行き過ぎではないか」と問題視されているものもある。

ここが使える

そのひとつが、とりわけ**イスラム教徒に向けられた異常なまでの監視体制**だ。

アメリカ国内では、イスラム教徒だというだけで反社会的と見なされて差別されることも多い。アメリカの情報組織は、電話やメールをのぞくのはもちろん、常に多くの人の居場所を特定して監視していると言われる。また、アメリカ軍がテロに関わったと疑われた人物を激しい拷問にかけていたことも発覚して問題になった。

ここが使える

監視体制の成果としてハイジャックを防止できたこともあるので、一概には否定できないが、十分に人権に配慮して進めることが期待されている。

現代特有のさまざまなテロ――「エコテロリズム」「サイバーテロ」

以上述べてきたことのほかにも、最近では、「エコテロリズム」と呼ばれるテロもある。

ここが使える

「エコテロリズム」とは、環境保護や動物愛護を目的とする団体が行う破壊行為や暴力行為のことだ。

代表的なエコテロリスト団体に、「シーシェパード」がある。この団体は、日本が行っている調査捕鯨をたびたび妨害し、日本でもその名が知られるようになった。そのほかにも、この種の過激な団体が世界にはいくつかあるようだ。

最後に、「サイバーテロ」もある。

「サイバーテロ」とは、インターネットを使って、行政機関などのコンピュータに侵入して、その中のデータを改ざんしたり、盗み出したりすることだ。あるいは、企業のコンピュータ・システムにコンピュータ・ウイルスを感染させるなどして、社会の混乱を引き起こそうとする行為を指す。

ここが使える

現代の情報社会では、常に「サイバーテロ」の危険にさらされており、そのせいで今後どのような社会的混乱が引き起こされるのか予想もつかないのである。

18

東日本の復興

大地震と津波の被害、それに福島の原発事故が重なった東北の被災地では、いまも大量のがれきが処理されずに残っている。この震災がれきを処理しないことには、復興が前に進まない。こうした現実的な問題について意見を求められることもあるので、自分なりの考えをまとめておくといいだろう。

課題

次の文章を読み、震災がれきの受け入れ問題について、あなたの意見を600字以内で述べなさい。

東日本大震災や福島原発事故以降、東北の被災地の復興が思うように進んでいないようだ。その妨げのひとつになっているのが、がれき処理の問題である。

政府は被災地以外の自治体にも、がれき処理の受け入れを要請しているが、受け入れを拒否している自治体も多い。住民からの、放射性物質の影響を心配する声が大きいためだ。

そんな中、東京都は、震災がれきの受け入れをいち早く表明し、すでに処理を開始している。都庁には、都民からの苦情の電話が頻繁にかかってくるようだが、そうした住民の声にいちいち耳を傾けていたら、震災がれきの受け入れは遅々として進まないだろう。こうした非常事態には、それぞれの自治体の長が断固たる決意で震災がれきの受け入れを表明したうえで、地域住民の理解を求めていくべきである。

そもそも震災がれきの受け入れといっても、被災地以外の自治体に受け入れを要請しているのは、被災地の岩手県や宮城県が抱える約2000万トンのうちの400万トンほどである。決して少ない量ではないが、しかし全体の約2割なのだから、それこそ全国の自治体で少量ずつ受け入れて、適切に処理したほうがいいはずだ。

政府の対応も、後手に回っている感がある。こうした国難のときなのだから、政令を出して、全国の自治体に震災がれきの受け入れを義務づけてもいいはずである。そうでもしないと、東北の被災地の復興が進まず、日本経済にも悪影響が出てくる心配もある。

震災がれきに含まれる放射性物資の影響は確かに怖いが、そんなことを言っていられる場合ではない。被災地の人たちに同情はするが、自分の住んでいる自治体で震災がれきを受け入れることには断固反対というのでは、筋が通らないだろう。

地震大国日本では、今後もいつどこで大規模な地震が起こるかわからない以上、今回の震災がれきの処理にしても、日本国民全体で協力して解決していくべきである。

課題の解説

課題文は、東日本大震災で発生したがれき処理の問題について、「震災がれき処理の受け入れを拒否している自治体があるようだが、それでは東北の被災地の復興が進まない。がれきに含まれる放射性物質の心配もあるが、こうした国難のときは、全国の自治体は住民の反対の声を押し切ってでも、震災がれきを受け入れるべきだ」と主張している。

こうした問題を論じる場合、震災がれきの受け入れに賛成する立場と反対する立場の両方の意見を冷静に検討してみる必要がある。

賛成の立場の意見としては、課題文の筆者が述べていることがその代表的なものだろう。さらに補足すると、あくまでも自治体の住民の意思を尊重するとなったら、震災がれきの受け入れについて、最終的には住民投票をして決めなくてはならなくなる。それでは、震災がれきの処理にますます時間がかかってしまい、震災地の復興に影響が出る。それに、震災がれきの受け入れを決めた自治体と、そうでない自治体のあいだに不公平感が広がってしまう恐れもある。こうしたことを考えてみるといいはずだ。

一方、震災がれきの受け入れに反対する場合は、「震災がれきを受け入れるかどうかは、それぞれの自治体の住民が判断すべきことであって、自治体の長もその意思に従うべきだ」という主張をするといいだろう。

日本は民主主義の国なので、住民の同意がないまま震災がれきの受け入れを強制することはできない、とも言えるからだ。

なお、「放射性物質の影響が心配だから」という根拠だけで、震災がれきの受け入れに反対するのは、考えが浅いと言わざるを得ないので避けるべきだ。

放射性物質は確かに怖いが、それを言い出したら、そういう危険な物質の含まれているがれきは、すべて被災地の自己責任で処理をすべきだ、という話になってしまう。

また、震災がれきを、お金を出して海外で処理してもらえばいいという意見もあるようだが、これも暴論だろう。

そんなことをしたら、それこそ国際社会から非難を浴びることになるので、こうしたことは書くべきではない。

解答例 1

【賛成】大震災は次いつどこで起こるかわからないので協力すべき

課題文の筆者は、「震災がれきの処理の受け入れを拒否している自治体があるが、それでは東北の被災地の復興が進まない。こうした国難のときは、政府が政令を出してでも、全国の自治体に震災がれきを受け入れさせるべきだ」と主張している。では、この主張に賛成すべきなのだろうか。

確かに、自治体としては、放射線量が低いとはいえ、放射性物質の含まれるがれきを受け入れることを、そう簡単には承諾できないだろう。住民の安全を優先せざるを得ないからだ。しかし、震災がれきの受け入れを拒否するのは、決してほめられたことではない。

住民の反対の声があって震災がれきの受け入れを拒否しているのだとすれば、それは一種の「住民エゴ」に屈しただけである。大地震や津波は、またいつどこで起きるかわからない。それを考えるなら、全国の自治体は少しでも震災がれきを受け入れて、協力姿勢を見せることが重要だろう。それができないのであれば、それこそ政府が政令を出して、がれき処理の負担を被災地以外の都道府県に平等に割り振り、国の責任で処理を迅速に進めるべきだ。そうでもしない限り、がれき処理は一向に進まないだろう。

したがって、私は、課題文の主張に賛成である。政府がもっと責任をもって、この問題の解決に当たるべきだと考える。

解答例 2

【反対】あくまでも住民の同意を得るべき

課題文の筆者は、震災がれきの受け入れを拒否している自治体があることについて、「東北の被災地のがれき処理を迅速に進めるには、政府が政令を出して、がれき処理を全国の自治体に受け入れさせるべきだ」と述べている。では、この主張に賛成すべきなのだろうか。

確かに、全国の自治体が震災がれきの処理に協力しないことには、被災地の復興が進まないのだから、同情するのであれば震災がれきを受け入れるべきだと考えることもできる。しかし、震災がれきの受け入れを、一律に全国の自治体に強制することはできない。

震災がれきを受け入れるかどうかを決めるのは、あくまでも全国の自治体の住民である。自治体としては、その住民の声を無視してまで、がれきの受け入れを承諾することはできない。震災がれきには、放射性物質がわずかながらも含まれている可能性は否定できない。放射性物質のリスクはまだ明らかになっていないことも多く、絶対に安全だとは言い切れないはずだ。小さい子どもをもつ親の中には、たとえそれが微少なリスクでも拒否したいと主張する人もいるだろう。にもかかわらず、政府が政令を出してがれきの受け入れを全国の自治体に強制するようでは、民主主義とは言えない。少なくとも、事前に住民の同意を得る必要がある。

以上のことから、私は、課題文の主張に賛成することはできない。

東日本の復興

理解のポイント

震災がれきの処理が進まない理由

現在、東北の被災地には、巨大地震と大津波で出た大量のがれきが山積みとなっている。大量のがれきがそのまま放置されていては、被災地の復興がなかなか進まない。そのため国は、被災地以外の自治体に、震災がれきの一部の受け入れとその処理を要請している。

ここが使える

しかし、**震災がれきに含まれる放射性物質の危険性が心配されるため、震災がれきの受け入れに名乗りを上げている自治体は、まだ多いとは言えない**。とくに、震災の被害にあわなかった西日本では、住民の反対の声が根強いようである。

福島原発事故で飛散した放射性物質（主に放射性セシウム）は、岩手県中部あたりまで飛散したようなので、被災地のがれきには、微量ではあるが、放射性物質が含まれている可能性は決して否定できない。

また、がれきを焼却処理して灰にすると、放射性物質が灰の中に濃縮される。その灰をどう処分するかが、さらに課題となる。

そうした危険な灰をどう処分するか決まらないうちに、自分の住む自治体が震災がれきの受け入れを決定することは、納得がいかないという住民の意見にも一理ある。だから、自治体側も慎重にならざるを得ず、震災がれきの受け入れを表明できずにいるようだ。

こうした状況があるため、震災がれきの処理が進んでいないものと推測できる。

「住民エゴ」と批判するのはたやすいけれど

ここが使える

震災がれきの受け入れ拒否は、いわゆる「住民エゴ」だという批判もある。「住民エゴ」は、これまでもしばしば問題にされてきた。

ゴミ焼却施設などは、それぞれの自治体のどこかにつくらなければならないが、いざ、ある場所につくろうとすると、その周辺の住民が建設に反対する。**ゴミ焼却施設が必要なのはわかるが、自分たちの住んでいる地域にはつくってほしくない。これが「住民エゴ」**である。

ここが使える

これと同じことは、震災がれきの受け入れ拒否にも当てはまるだろう。

震災がれきの処理は、被災地の復興のためにやらなければならないことだとはわかっている。しかし、放射性物質が含まれている可能性のある震災がれきを、自分の住む自治体が受け入れることには反対だ。こうした住民心理は、「住民エゴ」にほかならない。

ここが使える

「住民エゴ」を批判するのはたやすいが、もし自分が当事者になった場合、「住民エゴ」をもたずに、震災がれきの受け入れに賛成することができるかどうかは難しい問題だ。

なお、原子力発電所やアメリカ軍基地の受け入れにしても、こうした住民の反発があって当然だが、日本政府はこれまで交換条件を出して、住民の理解を求めてきた。

原子力発電所やアメリカ軍基地の近くに住む人たちは、必ずしも手放しで喜んでそうした施設を受け入れてきたわけではない。そうした施設を受け入れる代わりに、国が多額の補助金を出してきたからこそ、受け入れていたにすぎないだろう。

原子力発電所やアメリカ軍基地などを一部の自治体に押しつけるのも、それはそれで「住民エゴ」だろう。

ここが使える

日本国民全員がその利益を受けていることになるのだから、日本全国平等にその負担を分け持つのが本来の姿だと言うこともできる。

翻って、震災がれきの処理も、全国の自治体が少しずつ負担し合うのが、全国民で震災からの復興に当たるという意味では、理想的なのである。

19

震災後の都市のあり方

東日本大震災以降、災害に強い都市のあり方が改めて問われている。また、東北の被災地では、復興計画の一環として、今後の望ましい都市のあり方が議論されてもいる。

将来、国や地方の行政に携わる者も多い法学部志望者は、都市のあり方について自分なりの考えをもっておくといいだろう。

課題

東日本大震災以降、都市のあり方の見直しが始まっています。では、これからの都市はどうあるべきでしょうか。あなたの考えを、600字以内で述べなさい。

課題の解説

この課題は、ある問題の是非を論じるものではない。東日本大震災を経験し、今後も大地震や津波が起こると予想されている中、これからの都市はどうあるべきかを示す、いわば提案型の小論文を書くことが求められている。

ただし、都市計画などの専門的な知識が必要なわけではない。大ざっぱな政策提案を書くつもりで、これからはどのような都市のあり方が望ましいのかを示せば十分だ。

とはいえ、現在の都市にどんな問題があるのかをある程度知らないと、今後の都市のあり方を考えることできない。そこで、現在の都市の問題点をいくつか指摘しておこう。

まず、東京都の場合、首都圏が広がりすぎており、東京都内だけでなく、埼玉、千葉、神奈川の近隣県からも、大勢の人たちが毎日東京都内に通勤している。しかし、そのために、東日本大震災のとき、大勢の人たちが帰宅困難者となった。

このことから考えると、今後は都市をその周辺へと広げていくのではなく、むしろもっとコンパクトな都市にしていくべきだと言える。日本全体では、これから人口が減っていくのだから、それにあわせて都市の規模をよりコンパクトにしていくことは、長期的には可能なはずだ。

また、東京都には、とくに下町などに、木造の古い家がたくさん残っているが、こうした家屋は耐震強度が低く、大きな地震で倒壊の恐れがある。東京直下型地震も心配されているのだから、そうした家をもっと耐震強度の高い建物に建て替える必要がある。

このことは、ほかの多くの都市にも当てはまるはずだ。海岸沿いの、津波に襲われる危険性の高い都市では、津波対策も早急に行う必要があるだろう。

ほかにも問題点はあるだろうが、いずれにせよ、東日本大震災の教訓を踏まえた都市のあり方を示すべきだ。あるいは、被災地の復興にあたって、新たにどのような都市をつくればいいかを提案するのでもいいだろう。

なお、今回のような提案型の小論文の場合も、四部構成でまとめられる。「問題提起」で望ましい都市のあり方をズバリ示し、それについて検討していく形で書くのがいいだろう。

解答例 1

災害に強い都市づくりを

　東日本大震災を経験した現在、日本では今後、もっと災害に強い都市をつくっていくべきだと考える。

　確かに、これまでも災害を想定した対策がとられてきたのは事実だ。たとえば大地震に備えて、学校などの建物の耐震化が進められてきた。だから、耐震性という点だけを見れば、日本の都市は地震に強くなっているだろう。しかし、都市全体としては、災害に強くなっているとは言えないはずだ。

　現に東京都には、古い木造の家屋が密集している地域がある。そうした地域は路地が狭く、消防車が通れないところもある。これでは、大地震が起きた場合、多くの家屋が倒壊し、火事が起きても消火しにくく、被害が拡大する恐れがある。昭和の面影の残る街並みを残していくべきだという意見もあるが、近い将来、大地震の起きる可能性がある以上、自治体は住民の安全を第一に考えるべきだ。そのためには、耐震強度の高い住宅への建て替えなどを奨励していかなくてはならない。また、大地震とともに津波に襲われる可能性のある都市では、高い堤防や水門をつくるなどして、被害を最小限にとどめる対策を実行していくべきだ。

　したがって、日本の都市は今後、もっと災害に強くなっていくべきだと考える。

解答例 2

都市の規模を小さくすべき

東日本大震災を経験した現在、日本では今後、もっと規模の小さな都市をつくっていくべきだと考える。

確かに、都市の規模を小さくすることは、東京などの大都市ではもはや困難かもしれない。都市が大きくなりすぎたため、それを小さくするとなると、それだけで莫大なコストがかかってしまうからだ。しかし、多少のコストがかかっても、都市の小型化を進めていくべきだと考える。

たとえば、東京は郊外化が進みすぎたため、郊外に住んで都心部で仕事となると、通勤に時間がかかり、効率が悪い。また、朝のラッシュ時の混雑で、無駄な労力を使うことにもなる。それに、東日本大震災で大量の帰宅困難者が出たことからもわかるように、交通機関がストップしてしまうと、郊外に住む多くの人たちが都心部に閉じ込められてしまう。都市の規模を小さくし、住居と仕事の場がもっと近くなれば、効率よく快適に生活できるようになるだろう。また、災害時に交通機関が止まっても、歩いて帰宅することも可能になる。日本は今後、人口が減っていくのだから、その分、都市の規模も小さくしていくべきだ。

以上のように、都市の小規模化が、これからの都市のあり方だと考える。

震災後の都市のあり方

理解のポイント

日本の都市の問題――「郊外化」がもたらす「スプロール現象」

日本の都市は、戦後の高度成長期から今日に至るまで、ただひたすら拡大を続けてきた。東京や大阪などは、まさにその典型である。

たとえば東京では、高度成長期に鉄道が郊外へとのびていき、その沿線の宅地化が進んだ。そして、新たにできた郊外のニュータウンに、多くの人がマイホームを購入して移り住むようになった。このようにして、さらに郊外の開発が進められ、都市の規模がどんどん大きくなっていった。

ここが使える

都市の郊外が開発されて、都市の中心部から人々が移り住み、郊外が生活の中心になっていくことを「郊外化」という。

ここが使える

また、**郊外化が進むことで、都市が無計画・無秩序に発展し、規模が大きくなっていくことを「スプロール現象」もしくは「スプロール化」という。**

東京などの大都市では、郊外が広がるにつれて、高速道路なども整備されていき、自動車通勤や自動車で買い物に出かけることが、ごく普通に行われるようになった。車社会の到来である。

しかし、郊外が広がって大規模になった都市で、自動車が主な移動手段として使われるようになると、それだけエネルギーを大量に消費するようになる。ガソリンを大量に消費し、二酸化炭素などをそれだけ多く大気に放出するようになる。

また、郊外化によって、都市の周縁部に広がっていた農地や森林も、その一部が宅地になるなど、虫食い状態になってしまった。法律の規制がなく、無秩序な開発が行われたためである。

ここが使える

「ドーナツ化現象」と「シャッター通り」

都市の「郊外化」「スプロール化」が進む一方で、都市の中心部の人口は逆に減り、いわゆる「ドーナツ化現象」が進んでいる。

都市が拡大して人口が郊外に流れる代わりに、都市の中心部にはオフィスビルが建ち並び、人の住むところが少なくなり、生活の場が失われていった。

そのため、都市の中心部は、週日はサラリーマンの姿が多く見られるが、休日になると、住民が少ないので閑散としている。

このように、**都市の中心部から住民がいなくなり、ちょうどドーナツの穴のように空洞化するので、「ドーナツ化現象」と呼ばれるようになった。**

また、1990年代以降、地方都市でも郊外化が進んでいった。郊外に大型のショッピングモールが建設され、人々は自動車を使ってそこに買い物に行く。

そのような郊外型のライフスタイルが地方都市でも定着する一方で、かつての市街地には人の姿が少なくなり、商店街では店じまいをする店舗が増えた。そのため、シャッターの下りた店ばかりが並ぶ通りができ、「シャッター通り」と呼ばれて問題となっている。

「コンパクトシティ」とは？

「コンパクトシティ」という都市のあり方が、東日本大震災以降、注目を浴びている。「コンパクトシティ」とは、文字どおり小規模な都市のことである。

際限のない「スプロール化」によって都市が大きくなりすぎると、通勤などの移動に時間と労力がかかる。自動車での移動が主流になり、二酸化炭素をそれだけ多く出すことにもなる。自動車は大型になればなるほどガソリンの燃費が悪くなるのと同じで、都市も大きくなると、効率が悪くなり、無駄にエネルギーを消費するようになる。

こうした反省から、1973年の第一次オイルショック以降、イギリスなどで「コンパクトシティ」の構想が打ち出された。

ここが使える

都市の規模を小さくすることのメリットは、生活の場と働く場が近くなり、効率よく快適に暮らせるようになることだ。

少なくとも、電車に長時間乗って通勤することはなくなるだろう。また、自動車を使う機会が少なくなり、それだけ二酸化炭素の排出を減らすことができる。

ここが使える

そして、**都市の規模が小さいと、市民同士の交流が増え、これまでの都市特有の希薄な人間関係が解消されていく**とも考えられている。

ここが使える

「コンパクトシティ」の第一歩は、都市の「ドーナツ化現象」を解消することだ。

それには、都市の中心部に再び人が住んで生活できるようにする必要がある。そうすることで、郊外に住んでいた人たちが都市の中心部に戻ってくれば、少なくとも都市の拡大は止まるだろう。

ただし、東京のような大都市は、都心部にいくら高層マンションが建設されても、都市の規模が小さくなるとはもはや考えにくいかもしれない。しかし、その他の都市の場合、その規模を小さくしていくことは可能なはずだ。

こうしたコンパクトシティの形成は、大震災以前から、一部の自治体で検討されてきた。現在、札幌市、稚内市、青森市、仙台市、富山市、豊橋市、神戸市、北九州市などが「コンパクトシティ」を推進している。

ここが使える

被災地での都市の再生

東日本大震災の被災地でも注目されている「コンパクトシティ」は、徒歩や自転車で移動できる規模の街をいくつかつくり、そこに被災者に移り住んでもらうというものだ。

宮城県や岩手県などの被災地は、震災前から高齢化や人口減少の問題を抱えていた。とくに農村部では、若い人たちの流出が止まらず、そうした問題をさらに加速させてしまった。そのため、被災地を震災以前の状態にただ戻すだけでは、小さな過疎の集落がまたいくつもできることになってしまう。

そこで、小規模な街を新たにつくり、いくつかの集落の人にまとまって移住してもらう。街の中に、商店街や学校、娯楽施設などもつくる。そうすることで、若者の流出にも歯止めがかけられるかもしれない。

これが被災地の「コンパクトシティ」構想のようだ。

ここが使える

ひとつの小さな街の中に、住宅地と商業地、公共施設などを集め、路面電車で移動できるようにすれば、高齢者も生活しやすい街が出来上がるだろう。また、自動車での移動も減るため、二酸化炭素の排出も減らすことができるはずだ。

このような都市が被災地で本当にできるかどうかは、いまのところわからない。もし実現すれば、被災地以外の地域でも、同じような街がつくられるようになるかもしれない。

特別付録

これだけは押さえておきたい法系小論文の基本用語集

最後に、法系の小論文試験の課題文を理解したり、答案を書くために必要な、ぜひ覚えておきたい重要な用語をピックアップして、簡単に解説しておきます。

第2部「書くネタ」編の「課題の解説」や「理解のポイント」の中に出てくる重要なワードも含めています。知識を整理するために、大いに活用してください。

【新しい公共】

従来は政府などの公的機関が独占してきた公共的な役割を、一般の市民も担うべきだとする考え方。

その背景には、価値観が多様化したために政府による一元的なサービスでは社会のニーズに対応し切れなくなったことがある。また、経済的に政府が十分な公共サービスを提供できなくなったため、民間が肩代わりして、公共サービスのコストダウンをはかろうという意図もある。

【移民】

「移民」とは、異なる国から移り住んできた人のことだが、一般的に問題となるのは外国人労働者のことだ。戦後、ヨーロッパでは外国人労働者を積極的に受け入れることで、経済復興を成し遂げてきたが、移民の増加に伴うさまざまな問題も明らかになってきた。
今後、深刻な労働力不足が予想される日本でも、移民を積極的に受け入れるべきかどうか、議論の的になっている。

【大きな政府】

政府の規模と役割を大きくして、経済活動にも国が積極的に介入し、国民の生活を守ろうという考え方。国民一人ひとりに福祉などの公共サービスを手厚く行う一方、税金などの国民の負担も重くなり、自由な経済活動も制限される。
かつての「福祉国家」の考え方がこれだが、規制が多いために民間の活力が失われ、官僚の力が大きくなるなどの問題点もある。対になるのが、「小さな政府」だ。

【外国人参政権】

国内に一定期間定住している外国人に、参政権を与えるべきだという考え方。
外国人参政権を認めている国は少なく、認めている場合でも地方参政権にとどまっている場合が多い。EUのように、EU内部で互いに外国人参政権を認め合っている場合もある。

【監視社会】

政府や警察による市民の監視が強化された社会のこと。
近年、世界的にテロの危険が広まったために、監視が強化されている。情報化が進み、政府や企業によって個人情報が管理されるようになったことも、その背景にある。
また、一般の人が互いに監視し合うようになる社会を「相互監視社会」ともいう。ソーシャル・ネットワーキング・サービスが普及して、誰もがお互いの言動をチェックし合うようになった状況を「相互監視社会化」と見なす意見もある。

【嫌煙権】

タバコの煙が健康被害をもたらすことが明らかになったため、タバコの煙を強制的に吸わされないこと、また公共の場での喫煙の制限を求めることが、幸福追求権の一種として提唱されるようになった。この嫌煙権を求める運動の盛り上がりが、現在の禁煙化の動きにつながっている。

その一方で、こうした動きを、喫煙という個人の嗜好を社会的に抑圧しようとする「禁煙ファシズム」として批判する声もある。

【公共の福祉】

かつては、社会の利益のために個人の人権を制約できるという考え方のもとになっていたが、現在では、個人の人権がぶつかり合ったときに、できるだけ公平に調整しようとする考え方とされている。「自由国家的公共の福祉」「社会国家的公共の福祉」の2つの考え方がある。

【国民国家】

共通の言語・文化・伝統をもつ、歴史的に形成された共同体(=国民)から成る国家のこと。近代の国家の基本的な形態。

とはいえ、実際には、国内に多くの民族を抱える国家がほとんどで、それらをひとつの「国民」として統合できるかどうかが、安定した国民国家を成立させるための大きな課題となってきた。グローバル化が進み、国民国家のあり方の意義も問い直されてきている。

【個人情報保護法】

個人情報についての個人の権利や利益を保護するために、個人情報を扱う事業者に一定の義務を課す法律。

情報化が進んで、膨大な量の個人情報が流通するようになり、プライバシー侵害の危険が高まったために制定された。ただし、この法律が制定されたために、個人情報の流出が過剰に危険視されるようになったという面もある。

【雇用の流動化】

従来、日本では終身雇用が一般的で、一度就職したらめったに転職しないのが普通だった。しかし近年は転職・離職が増えている。これを「雇用の流動化」という。

キャリアアップのために転職を繰り返す例もあるが、現在はむしろ正社員が減り、自由に解雇できる非正規雇用労働者が増えている状況を指す場合が多い。

【コンパクトシティ】

戦後の都市は、郊外へと次々に拡大していき、逆に中心部が空洞化するという「ドーナツ化現象」が起こっていたが、もっと「生活の場」と「働く場」が近接した、小規模で人間らしい都市のあり方が望ましいという考え方が出てきた。これが「コンパクトシティ」だ。

大量消費型のライフスタイルを改め、効率的で持続可能な町づくりを理想とする考え方が、その背景にある。

【裁判員制度】

一般の市民が裁判に参加する制度。有権者の中から無作為に選ばれた裁判員が、刑事事件の審議に参加し、被告が有罪か無罪か、また有罪の場合の量刑を判断する。

裁判に市民感覚を反映させ、市民に裁判を身近に感じてもらうことを目的としているが、その一方でさまざまな問題点も指摘されていて、現在も論争が続いている。


【自己情報コントロール権】

自分の情報を自分でコントロールする権利。

情報化が進んで、国家や企業に個人の情報が集まるようになってきたために、それに対して個人が自分の情報を管理できるようにするべきだという考え方から生まれた。新しいタイプのプライバシー権として注目されている。


【市民】

民主主義社会において公共性を担うべき主体。自分が社会を構成する一員であるという自覚をもっている者。

日本は歴史的に市民革命が起こらなかったために、こうした市民の自覚をもつ人が少ない。そのため、日本はいまだに成熟した市民社会とは言えないとされることが多い。


【小選挙区制】

全国を小さな選挙区に分け、ひとつの選挙区からひとりだけ議員を選ぶという制度。

ひとつの選挙区から複数の議員を選ぶ「中選挙区制」に比べて、有権者は当選する確率の高い候補者に投票しようとするので、有力な政党が票を集めやすい。そのため、二大政党制を実現するには「小選挙区制」のほうが適しているとされる。

日本でも「小選挙区制」を導入したために二大政党制になり、政権交代が実現した。


【情報公開】

政府や地方自治体などがもっている情報を公

開し、一般の市民でも知ることができるような状態にすること。

国民は、正しい情報が与えられないと、政治の動きについて適切な判断ができない。そのため、健全な民主社会をつくり上げていくには、情報公開は不可欠だと考えられている。

【知る権利】

国民が必要な情報を自由に受け取る権利のこと。

表現の自由はおもに情報の送り手の権利と考えられているが、情報を受け取る側の権利も保障されるべきだと考えられるようになり、「知る権利」の重要性が認識されるようになった。

また、必要な情報を国家が提供するように請求する権利も「知る権利」と呼ばれる。この意味での「知る権利」は「情報公開」とセットで考える必要がある。

【政治主導】

政治家が官僚に頼らないで政策や予算の決定を進めていくという考え方。

これまで日本では、官僚が実質的に政治の主導権を握っていた（官僚主導）が、それでは政治に民意が反映されにくいため、選挙で選ばれた政治家がもっとリーダーシップを発揮するべきだとされるようになった。しかし、実際には、政治主導が進んでいるとは言えない。

【セクシャル・ハラスメント】

職場や学校で、力関係を利用して性的な嫌がらせをすること。男性の上司が女性の部下に、立場上断れないことがわかっていて性的な誘いかけをするようなケースを指す。

セクハラかどうかは、受ける側の主観が判断基準になるので、その点であいまいさが残る。その一方で、セクハラが性差別であり、人権侵害につながるという認識は、まだ十分広まっているとは言えない。

【大衆】

しばしば無個性で、自分の利害にしか関心がなく、政治に無関心な人々のこと。その時々の世論に流される集合的な存在。

そうした大衆の行動が政治や社会の動きを決定するようになった社会を「大衆社会」と呼ぶ。

【小さな政府】

政府の規模や役割を小さくして、公共サービスなどもできるだけ民間の経済活動にまかせようという考え方。

税金が安くなるなど、国民の負担は軽くなるが、福祉などの社会保障が切り詰められて、国民には自己責任が求められる。規制緩和というのは、この考え方にもとづいている。対になるのが「大きな政府」だ。

【知識人】

近代社会において豊かな学識と広い視野をもち、しばしば政府に対して批判的な立場から公共的な発言をして、一般に向けて新しい価値観を提示する役割を担っていた人々。

かつては、世論に対して指導的な役割を果たしていたが、マスメディアが発達した現在、はたして知識人の存在価値があるのかどうか、改めて問い直されている。

【抵抗権】

国家権力の不当な行使に対して、国民が実力で抵抗し、自らの権利や自由を守る権利。

「反抗権」「革命権」とも呼ばれる。日本国憲法では明確に規定されていないが、フランス革命などの理論的な根拠となった考え方で、民主主義においても基本的な権利のひとつとされる。

【テロリズム】

組織的な暴力を使って人々の恐怖心をあおり、政治的な目的を達成しようとすること。

かつては特殊な政治状況の下でしか起こらないものと思われていたが、2001年9月11日のアメリカにおける同時多発テロ以降、国際的な広がりを見せ、一般の人にとってもテロの危険が身近なものになってきている。

【道州制】

日本を、現在の都道府県よりももっと広い行政区画（道と州）に分け、これまでより強い権限を与えようという制度。地方分権を進め、できるだけ効率的に国や地方行政を運営していくために提唱されている。

【ナショナリズム】

文化的・政治的な共同体としての「nation＝国民」を統合して、ほかの「nation」と区別しようとする運動や考え方を指す。その共同体の人々が、自分の帰属する対象として「国」を優先させるようになることが、ナショナリズムの基盤になる。

ナショナリズムがなくなれば国＝国民のまとまりは失われるが、過剰になると他国に対して排外的になったり、国内のマイノリティに対して抑圧的になるなどの問題がある。

【二大政党制】

議会において2つの有力な政党が議席の大半を占め、そのために政権交代が容易になる仕組みのこと。

争点がはっきりするので国民が政治参加しやすく、また政権交代が頻繁に起こるために政治腐敗が起こりにくい。その一方で、イデオロギー的な対立が起こりやすい、少数派の意見が反映されにくくなるなどの欠点もある。

【パワー・ハラスメント】

職場での力関係を利用した、おもに上司の部下に対する嫌がらせのこと。

暴言を吐く、暴行を加えるといった直接的な行為のほかに、存在を無視するとか仕事を与えないといったやり方もある。日本では、しばしば「業務上の指導」との境目があいまいになっていて、上司に自覚がないことが多く、その分、解決の難しいケースも多い。

【プライバシーの権利】

私生活をみだりに公開されない権利。このタイプのプライバシー権は「古典的プライバシー権」と呼ばれ、しばしば「表現（言論）の自由」と対立する。

インターネットが発達して、ネット上に気軽にプライベートな情報や写真がアップされるようになって、プライバシー権の問題も深刻さを増している。

【冷戦】

第二次世界大戦後、アメリカとソビエト連邦という二大超大国が中心となって、世界の国々が2つの陣営に分かれて、ことごとく対立し合った。

ただし、2つの勢力が拮抗していたために、両国間で直接の武力衝突は起こらず、民族紛争なども抑えられて、均衡状態が保たれていた（そのために、「冷たい戦争」（冷戦）と呼ばれた）。ソビエト連邦崩壊をきっかけに、この構造が崩れ、アメリカを唯一の超大国とする現在の世界秩序が生まれている。

【ワークライフバランス】

仕事と生活を調和させ、人生の各段階で多様な生き方が選べるようにするべきだという考え方。

長時間労働を強いられる日本の企業社会では、仕事のために家庭生活が犠牲にされ、うつ病や過労死の原因になることも多い。そうならないように、仕事と家庭生活のバランスをとることが奨励されるようになっているが、実効性のある取り組みはまだ少ない。

著者紹介

樋口裕一（ひぐち・ゆういち）
1951年大分県生まれ．早稲田大学第一文学部卒業．多摩大学名誉教授．小学生から社会人までを対象にした通信添削による作文・小論文の専門塾「白藍塾」塾長．
著書に250万部のベストセラーになった『頭がいい人，悪い人の話し方』（PHP新書）のほか，『小論文これだけ！』（東洋経済新報社），『読むだけ小論文』（学研），『ぶっつけ小論文』（文英堂），『ホンモノの文章力』（集英社新書），『人の心を動かす文章術』（草思社），『音楽で人は輝く』（集英社新書），『65歳何もしない勇気』（幻冬舎）など多数．

大原理志（おおはら・まさし）
白藍塾講師．1966年高知県生まれ．広島大学総合科学部卒業後，立教大学大学院文学研究科博士課程後期満期退学．著書に『まるまる使える小論文必携』（桐原書店），主な共著に『小論文これだけ！経済深掘り編』『小論文これだけ！模範解答超基礎編』『小論文これだけ！模範解答経済・経営編』（以上，東洋経済新報社）などがある．

山口雅敏（やまぐち・まさとし）
白藍塾講師．中央大学・法政大学・日本工業大学・昭和女子大学非常勤講師．1967年群馬県生まれ．中央大学文学部仏文学科卒業後，中央大学大学院文学科博士前期課程満期退学．主な共著に『新「型」書き小論文 総合編』（学研），『試験にでる小論文「10大テーマ」の受かる書き方』（青春出版社）がある．

〈白藍塾問い合わせ先＆資料請求先〉
〒161-0033
東京都新宿区下落合1-5-18-208
白藍塾総合情報室（03-3369-1179）
https://hakuranjuku.co.jp
お電話での資料のお求めは
0120-890-195

小論文これだけ！法深掘り編

2012年 8月 2日 第1刷発行
2024年 6月21日 第5刷発行

著者 樋口裕一／大原理志／山口雅敏
発行者 田北浩章
発行所 〒103-8345 東京都中央区日本橋本石町1-2-1 東洋経済新報社
電話 東洋経済コールセンター03(6386)1040
印刷・製本 港北メディアサービス

Printed in Japan　ISBN 978-4-492-04466-7　https://toyokeizai.net/